Юкагирские сказки

유카기르인 이야기

<지식을만드는지식 소설선집>은
인류의 유산으로 남을 만한 작품만을 선정합니다.
오랜 시간 그 작품을 연구한 전문가가
정확한 번역, 전문적인 해설, 풍부한 작가 소개, 친절한 주석을
제공하는 고급 소설 선집입니다.

지식을만드는지식 소설선집

시베리아 설화집

Юкагирские сказки

유카기르인 이야기

작자 미상

김은희 옮김

대한민국, 서울, 지식을만드는지식, 2017

편집자 일러두기

- 이 책은 ≪시베리아와 극동 민족 구비문학 기념비(Памятники фольклора народов Сибири и Дальнего Востока: Т. 25)≫(Сибирская издательсткая фирма 'Наука' РАН, 2005)를 원전으로 삼아 옮긴이가 가려 뽑아 번역했습니다.
- 주석은 모두 옮긴이가 단 것입니다.
- 외래어 표기는 현행 한글어문규정의 외래어표기법을 따랐습니다.

차 례

유카기르인 이야기

외로운 청년

언젠가 한 청년이 살았다. 그는 자기 천막을 가지고 자기 식대로 살다가 세계를 인식하기 시작했다. 사람들을 알지 못했지만, 그에게는 무기가 있었다. '딱' 소리가 나는 무기였는데 활이었다.

한번은 사냥을 나갔다. 어마어마하게 큰 야생 사슴을 만나 숨어서 활을 쏘았다. 사슴이 죽었다. 사슴의 가죽을 벗기고 내장을 꺼냈다.

그러자 위에서 갑자기 노랫소리가 들렸다. 다음과 같은 가사였다.

배 기름이 있는 창자를 내게 던져라,
내가 먹고 싶구나.

그는 배 기름이 있는 창자를 잘라 위로 던졌다. 창자는 감쪽같이 사라졌다.

그는 사슴 고기를 집으로 끌고 갔다. 잠을 자고 다음 날 다시 사냥에 나섰다. 이번에도 야생 사슴을 만났다. 사슴을 죽이고 가죽을 벗겼다. 내장을 꺼내고 막 사슴 고기를 손질

해서 자르려는데 또다시 노랫소리가 들렸다. 노래의 가사는 이랬다.

아이야!
내게 고깃덩어리를 던져라,
먹고 싶구나.

등 부분의 좋은 살덩어리를 잘라서 던졌다. 또다시 누군가가 고기를 낚아챘고 아무것도 남지 않았다.

그는 다시 야생 사슴 고기를 집으로 끌고 왔다. 다음 날 아침에 일어나서 생각을 바꿨다. 그리고 이렇게 말했다.

"다시 한번 사냥을 다녀와야겠다. 그런 다음 그만두어야지."

또다시 야생 사슴을 발견했다. 사슴을 죽이고 손질하기 시작했다. 위에서 또다시 노랫소리가 들렸다. 가사는 이랬다.

아이야!
너한테 가고 싶구나,
나는 처녀거든.

청년은 위를 보았다. 아리따운 처녀가 서 있었다.

"오, 이렇게 기쁠 수가! 이렇게 좋을 수가. 내게도 짝이 있다니!"

그는 소리를 지르며 처녀에게 달려가서 키스를 했다.

그런 다음 집으로 데려왔다. 처녀는 신의 딸이었다. 그는 처녀를 아내로 삼고 지금까지 늙지도 않고 살고 있다.

개의 수호신들

개들에게는 수호신[1]이 있다.

사람이 죽은 후에 사슴이 끄는 썰매를 타고 갈 때[2] 개의 수호신들은 가는 길의 양쪽에서 그를 기다린다. 그러다가 썰매에 탄 죽은 사람이 가까이 오면 한 수호신이 다른 수호신에게 묻는다.

"어때? 이 사람을 좋아하지 않지?"

"좋아해. 옛날에 그는 항상 내게 고깃덩어리나 다른 것을 주었거든."

"그렇다면, 가만 누워 있자."

이렇게 조용히 누워 사슴이 놀라지 않도록 자신을 나타내지 않는다. 그러면 죽은 사람은 지나간다.

그런 다음 또다시 다른 죽은 사람이 온다. 한 개의 수호

---

1) 툰드라에 사는 유카기르족은 개와 사슴에게는 수호신이 있다고 믿었다. 그 수호신들은 사람들이 이 동물들을 어떻게 대하는지 감시한다고 생각했다.

2) 유카기르족은 전통에 따라 고인을 썰매에 태우고 그 썰매에 죽어 가는 사슴을 묶었다. 사슴이 바로 죽지 않고 얼마 동안 살아 있으면 고인의 저세상 길이 좋을 것이라는 전조로 여겼다.

신이 다른 수호신에게 묻는다.

"이 사람을 좋아하지 않지?"

"맞아, 그는 뼈도 아까워하면서 욕하고 몽둥이로 때렸어."

"그렇다면 그를 공격하자!"

이렇게 말하고 양쪽에서 덤벼들어 그의 사슴을 놀라게 했다. 그래서 그 사람은 가야 할 곳까지 이르지 못하게 되었다.

그런 사람은 눈그니[3]가 되지 못한다고 한다.

---

3) 어린아이의 몸을 빌려 환생한 사람을 말한다.

땅의 주인

지상에 땅의 주인이 살고 있었다. 사람이 땅의 주인에게 여러 가지를 부탁하면 그는 모든 것을 주었다. 큰사슴을 주었고, 곰을 주었고, 여우를 주었고, 다람쥐를 주었고, 검은꼬리흰족제비를 주었고, 수많은 것을 주었다. 불에 음식을 던지면, 모든 것을 주었다. 꿈에 무엇인가를 보면, 땅의 주인이 보이는 것이었다. 훌륭한 사냥꾼들에게는 가끔 보이는 것이었다.

오래전에 땅의 주인이 한 사람에게 보였다. 그는 이렇게 말했다.

"내게 술을 가져와라. 술 한 통을 가져와라. 술을 가져오면 너에게 털가죽을 내리겠다."

땅의 주인에게는 세 개의 창고가 있었다. 그 창고에는 털가죽이 천장까지 가득 차 있었다. 여우, 족제비 가죽 등 모든 것이 있었고 곰 가죽, 늑대 가죽도 넘쳐 났다.

이 사람은 장사치한테 가서 술 한 통을 사서 땅의 주인에게 가져갔다. 땅의 주인은 세 번 잔을 채워 마셨는데, 술통이 비었다. 모조리 마셔 버린 것이었다. 땅의 주인이 말했다.

"자, 마음에 드는 것은 이 창고에서 모두 가져가라. 여우냐, 족제비냐, 무엇이 필요하냐? 붉은 여우가 필요하냐? 다람쥐가 필요하냐? 모두 가져가라. 얼마든지 원하는 대로 가져가라."

그러자 그 사람은 원하는 걸 썰매에 가득 실어서 집으로 갔다. 집에 도착하자 땅의 주인이 말했다.

"오너라. 술을 더 가져와라."

"네, 가져가죠."

그리고 또다시 갔다. 집에 막 도착했는데 눈보라가 시작되었다. 눈보라는 멈출 만하다가 또다시 시작되었다. 바람이 불어닥쳤고 눈이 내렸다.

그래도 그 사람은 술통을 또다시 가져가서 땅의 주인에게 주었다. 땅의 주인이 말했다.

"자, 창고에 있는 털가죽을 가져가라. 뒤의 창고를 열어보면 가득할 것이다. 거기서 골라서 집으로 가져가라. 다만 아무한테도 말하지 마라. 누구한테도 말하지 말고 세 번째로 또 와라."

"네, 오겠습니다."

그 사람이 말했다.

털가죽을 가지고 그 사람은 부자가 되었고 장사치가 되었다. 그에게 온 마을 사람들이 다녀갔고 그도 온 마을을 돌아다녔다. 그는 부자가 되었기에 사람들이 앞서거니 뒤서거니 하며 그에게 들락거렸기 때문이다.

그러자 그 사람은 이렇게 생각했다. '내가 다시 가서 술통을 주고 그가 술이 취하면 죽여야겠다. 그를 죽인 후에 그의 털가죽을 모두 가져와야지.'

그 남자는 땅의 주인에게 가서 술통을 주었고, 땅의 주인은 깨끗이 마셔 버렸다. 그는 마시지 않고 그냥 앉아만 있었다. 불 옆에 앉아 있을 때 그는 땅의 주인의 등을 도끼로 내리쳤다. 그런데 그다음은 아무것도 생각이 나지 않았다.

제정신이 돌아왔을 때 남자는 마루에 엎드려 누워 있었다.

땅의 주인이 말했다.

"이런, 너는 나쁜 사람이었구나. 나를 죽이고 내 털가죽, 다람쥐, 내 물건들을 가져가려고 했지. 그렇게 생각했겠지. 너는 바보구나. 땅의 주인인 나를 죽이려 했다니. 나는 너를 보고 놀랐고 놀랐으니 너를 먹어 버린 것이 되었구나."[4]

이것이 전부다.

---

4) 유카기르족의 미신에 따르면 샤먼이나 나이 든 사람을 놀라게 하면 죽은 영혼이 그 사람을 먹는다고 한다. 그러면 얼마 후에 그 사람은 죽게 된다.

북극여우와 곰

곰과 북극여우가 만났다. 북극여우가 곰에게 말했다.

"너는 누가 무섭니?"

"메추리가 무서워. 아휴, 얼마나 무섭다고! 발밑에서 갑자기 날아오른다니까."

그러자 북극여우가 말했다.

"나는 무섭지 않은데. 내가 메추리들을 죽여 줄게."

곰이 말했다.

"그럼 너는 누가 무서운데?"

"나는 울퉁불퉁한 머리의 사람이 무서워."

"나는 무섭지 않은데."

북극여우가 말했다.

"그럼 이렇게 하자. 나는 메추리의 머리를 모을 테니, 너는 사람들의 머리를 모아 와."

그렇게 둘은 헤어졌다. 북극여우는 사람을 찾아서 이렇게 말했다.

"곰이 오고 있어요. 죽이세요."

그런 다음 북극여우는 가서 메추리들을 사냥했다. 그 후에 둘은 만났다. 메추리의 머리는 가득했다. 하지만 사람의 머리는 하나도 없었다. 곰은 겨우 걸어오고 있었다.

북극여우가 말했다.

"무슨 일이야?"

"총에 맞았어!"

"그러게 내가 말했잖아. 사람이 그렇다고."

그런 다음 이렇게 말했다.

"내가 낫게 해 줄게. 움직이지 말고 가만히 있어."

북극여우는 커다란 돌을 불에 시뻘겋게 달군 다음 총에 맞은 자리에 올려놓았다. 그렇게 곰은 죽어 가기 시작했다. 북극여우는 곰 옆을 뛰어다니면서 말했다.

"내가 너를 먹게 되었군. 이렇게 기쁠 수가!"

그리고 북극여우는 곰을 먹어 버렸다.

토끼의 꼬리가 없어진 이유

옛날에 토끼는 긴 꼬리를 가지고 있었다. 하지만 귀가 짧았다. 토끼는 잘생겨 보이기 위해 더 긴 귀를 가지고 싶었다. 아버지에게 이렇게 말했다.

"아버지, 매일 귀를 잡아당기면서 저를 때려 주세요."

아버지는 아들의 귀를 잡아당기면서 계속 때렸다. 그렇게 얼마 지나자 토끼의 귀가 길어지기 시작했다.

그렇게 살다가 토끼는 암컷 여우에게 장가를 들려고 준비하고 있었다. 숲 속 모든 동물들이 토끼를 싫어했다. 어느 날 족제비가 여우에게 말했다.

"네 약혼자는 어때?"

"사냥하러 갔어."

"토끼를 믿지 마. 토끼는 잘생긴 약혼자가 되기 위해 귀를 늘리려고 아버지한테 때려 달라고 했단다. 게다가 너 몰래 북극여우 암컷하고 놀아나고 있어."

암컷 여우는 분노가 치밀어서 토끼의 꼬리를 잘라 버렸다. 그런 다음 이렇게 말했다.

"너는 평생 그렇게 꼬리 잘린 채로 살게 될 거야! 모든 사람들과 동물들이 항상 너를 비웃을 거야!"

그때부터 토끼는 자기 꼬리가 부끄러워 사람들이나 들짐승 소리만 나도 꺼려서 피하게 되었다.

그러니 토끼가 무서워서 피한다고 생각하지 마시길….
자기의 잘린 꼬리를 보여 주기 싫어서 도망가는 것이니까.

셈테네이 노인

셈테네이 노인이 할망구와 함께 살고 있었다. 그에게는 커다란 개가 한 마리 있었다. 두 노인은 사람들과 사귀지 않고 둘이서만 살았다.

셈테네이는 토끼를 잡으려고 활덫을 놓았다. 거기에는 화살이 두 대씩 장착되어 있었고 화살이 발사되게 되어 있었다.

이렇게 해서 그는 활덫으로 토끼를 잡았다. 아내는 토끼의 가죽을 벗기고 발에서 힘줄을 모두 떼어 냈다. 그런 다음, 힘줄을 말려서 꼬아 실을 만들었다. 노파는 그 실로 토끼 가죽으로 된 옷을 지었다. 셈테네이 노인은 토끼의 허벅지 근처 얇은 뼈로 바늘을 만들었다.

이렇게 그들은 살고 있었다. 그런데 토끼들이 더 이상 활덫에 잡히지 않게 되었다. 그러자 셈테네이 노인은 노파가 만든 힘줄 실로 올가미를 놓았다. 올가미에 메추리가 걸리기 시작했다. 그렇게 셈테네이 노인은 메추리도 잡고 토끼도 잡기 시작했다. 아내는 끓는 물에 토끼와 메추리를 삶아서 기름을 얻었다. 노파는 기름을 건져 내어 나무 그릇에 얼렸다.

그렇게 그들은 살아갔다. 그런데 토끼도 메추리도 잡히지 않게 되었다. 그래서 노인은 말했다.

"그렇다면 유목지를 옮깁시다. 두 강이 합쳐지는 곳으로 옮깁시다. 거기 버드나무 숲에는 메추리가 있을 거요."

이렇게 그들은 천막을 걷어서 버드나무 썰매에 실었다. 그런 다음 썰매에 커다란 개를 묶었고 개의 목에 밧줄을 맸다.

그리고 썰매를 끌고 커다란 개와 함께 유목지를 옮겨 갔다.

그들은 두 강이 합쳐지는 곳에 멈췄다. 천막을 설치하기도 전에 노인은 올가미를 치러 갔다. 노파는 천막을 설치했다. 올가미와 활덫을 다 놓고 노인이 돌아왔다. 아내가 말했다.

"영감, 이제 보니 우리가 기름이 든 그릇을 옛 유목지에 놓고 왔지 뭐예요."

"아! 그렇군."

셈테네이 노인이 옛 유목지로 썰매를 끌고 갔다.

옛 유목지에 도달해 기름이 든 그릇을 썰매에 실었다. 그리고 썰매를 끌면서 자기 집 쪽으로 발걸음을 옮겼다.

그렇게 가고 있는데 맞은편에서 북극여우가 오고 있는 것이 아닌가!

북극여우가 말했다.

"할아버지, 기력이 다하셨나요? 제가 도와드릴게요."

"그래 좋다. 좀 도와주렴."

"다만 저를 꽉 조이게 묶어 주세요."

"좋다."

이렇게 해서 셈테네이는 출발했다. 셈테네이가 얼굴을 돌리기만 하면 북극여우는 썰매에 기어올라서 기름을 물어뜯어 먹었다. 그렇게 앉아서 맛 좋은 기름을 먹고 있었다. 노인이 돌아서서 뒤를 보면 북극여우는 썰매에서 뛰어내려 얼른 혀를 집어넣고 일부러 숨이 차는 척했다. 그래서 셈테네이 노인은 이렇게 생각했다. '나를 도와주고 있군.' 노인이 돌아서면 북극여우는 썰매로 얼른 뛰어오르는 것이었다! 그리고 또다시 앉아서 기름을 맛보았다. 그렇게 하는 동안 북극여우의 이빨 하나가 깨져서 그릇에 떨어졌다.

셈테네이 노인의 천막이 보이자 북극여우는 말했다.

"할아버지, 천막까지는 얼마 안 남았네요. 여기서부터는 혼자 썰매를 끌고 가실 수 있겠죠?"

"그래, 그래. 끌고 갈 수 있지. 다행이구나. 네가 너무 많이 도와주었어. 나를 구했구나."

북극여우는 머리에서 밧줄을 벗고 펄쩍펄쩍 재빨리 뛰어갔다.

노인은 자기 천막에 도달했다. 멈추자마자 천막에서 노파가 뛰어나와서 기름이 든 그릇 쪽으로 달려갔다. 그릇은 비어 있었고 그 안에는 누군가의 이빨 하나만 덩그러니 놓여 있었다.

"에이! 우리 그릇이 비어 있어요! 당신이 먹어 버린 거예요?"

"그게 무슨 말이오! 내가 뭣 때문에 혼자 먹었겠소!"

"에이, 당신이 혼자 먹었느냐고 내가 괜히 그냥 말한 거예요. 그런데 정말 우리 기름은 어디로 간 걸까요?"

"에이, 지금까지 북극여우가 나를 도와주었다오. 그놈이 먹은 것이 틀림없소."

이렇게 말하고 셈테네이 노인은 천막에 들르지도 않고 자기가 쳐 놓은 덫과 올가미 쪽으로 갔다. 거기엔 개미 새끼 한 마리 없었다!

'어떻게 하지?' 노인은 골똘히 생각했다. 그런 다음 갑자기 화살을 집어 들고 바지를 힘껏 찢었다. 그리고 소리치기 시작했다.

"아이고, 아이고! 아아아. 화살에 찔렸네! 사람 살려!"

이렇게 소리쳤다. 그러자 북극여우 한 마리가 다가왔다.

"할아버지, 어떻게 된 거예요? 아프세요?"

"아이고, 내 화살에 다쳤구나! 혹시 너희 샤먼이 어디 있는지 아니? 있다면 나를 좀 살려 달라고 해 봐라!"

"우리한테는 샤먼이 없어요. 하지만 토끼들한테는 샤먼이 있어요."

"그럼, 지금 좀 그 샤먼을 데려오렴. 동물들을 모두 한자리에 불러 다오."

이 말을 듣고 북극여우는 이렇게 말했다.

"재빨리 다녀올게요. 할아버지를 집에 모셔다 드릴게요."

그리고 지체 없이 동물들이 떼로 모였다. 북극여우, 여우, 토끼 들이 모두 모였다.

셈테네이는 이렇게 말했다.

"자, 애들아. 모두 잘 왔구나. 이제 나를 집으로 데려다 다오."

모두 함께 할아버지를 붙잡아 들어 올려서 그의 천막까지 데려갔다. 천막 안으로 들어가자 노파가 달려오면서 말했다.

"무슨 일이에요?"

"에이, 내 화살에 찔렸다오."

셈테네이는 신음을 하면서 이렇게 말했다.

그들은 셈테네이를 가죽 위에 눕혔다. 그런 다음 토끼 샤먼의 방울 달린 소고가 딸랑거리기 시작했다. 방울 소리가 충분히 커지자 샤먼이 주문을 외기 시작했다.

후디에 후디에, 셈테네이 노인
화살의 주인 영혼5)이 나는 보이지 않네.
후디에 후디에, 후디에헤 후디에헤!

샤먼이 이렇게 주문을 외고 있을 때 셈테네이 노인은 신음을 하면서 가만히 노파에게 말했다.

아이고, 아이고, 흐흐흐!
나무 꼬챙이를
재빨리 내 옆에 놓으시오!

그러는 사이 기름을 먹어 버렸던 북극여우가 노파에게 살짝 다가와서 슬그머니 물었다.

"할머니, 할아버지가 뭐라고 말씀하셨어요?"

"아무 말도 안 했는데. 그냥 아파서 하는 소리야."

---

5) 유카기르족은 모든 사물에 주인 영혼이 있다고 믿었다. 화살에 찔린 셈테네이 노인을 치료하려면 그 화살의 주인 영혼을 찾아야 하기 때문에 이렇게 말하는 것이다.

토끼 샤먼은 주문을 크게 외며 더 뛰기 시작했다.

후디에 후디에 셈테네이 노인
화살의 주인 영혼이 나는 보이지 않네.
후디에 후디에, 후디에헤 후디에헤!

노인은 신음을 하면서 또다시 말했다.

아이고, 아이고, 흐흐흐!
천막의 아랫부분과 출입문 덮개를
단단히 닫으시오!

얼마 전에 만났던 북극여우는 또다시 슬그머니 노파에게 다가와서 말했다.

"할머니, 할아버지가 뭐라고 말했어요?"

"아무것도 아니야. 이제 곧 죽으려니까 얘기하는 건가 봐."

"그런데 왜 할머니는 천막의 아랫부분과 출입문 덮개를 닫으시는 거예요?"

북극여우는 할머니의 얼굴을 살피면서 또다시 이렇게 말했다.

북극여우가 말하는 동안 셈테네이 노인은 나무 꼬챙이를 재빨리 집어서 벌떡 일어섰다. 그리고 북극여우들, 여우들, 토끼들의 머리를 마구 찌르기 시작했다. 모두가 죽어 넘어졌다. 그런데 전에 알던 꾀보 북극여우만 죽은 척했다.

동물들을 모두 죽인 후에 셈테네이 노인은 이렇게 말했다.

"자, 할망구, 살아 있는 놈은 없는 것 같지? 출입구 덮개를 여시오."

노파가 출입구 덮개를 열자마자 전에 알던 북극여우가 벌떡 일어나서 밖으로 뛰쳐나갔다.

"셈테네이 할아버지! 저는 죽이지 못했죠! 하하하하!"

이렇게 소리치면서 도망쳤다.

노인은 북극여우를 따라 뛰어나가면서 그 발자국을 따라 커다란 개를 풀어 놓았다.

그런 다음 도끼를 들고 커다란 개의 발자국을 따라갔다.

북극여우는 멀리 도망쳐서 자기의 굴로 쏙 들어갔다. 셈테네이 노인이 굴에 이르자 개가 이미 굴을 파헤치고 있었다. 노인도 굴을 도끼로 부수기 시작했다. 굴을 파헤치자 굴 깊은 곳에서 이런 목소리가 들렸다.

"할아버지, 왜 제 집을 부수는 거예요? 죽기 직전이라고요."

셈테네이 노인은 그 말을 듣지 않고 계속 팠다. 북극여우는 눈에 모래를 흩뿌렸다.

"믿지 못하시겠으면 내 얼굴을 보세요."

북극여우는 이렇게 말하고 자신의 낯짝을 내밀었다. 모래와 눈물로 범벅이 된 북극여우는 정말로 아픈 것처럼 보였다.

"자! 너는 정말 아픈 것 같구나! 나는 네가 내 기름을 먹어 치운 그 북극여우인 줄 알았다!"

셈테네이 노인은 이렇게 말하고 커다란 개를 데리고 집으로 돌아갔다. 그가 멀리 가자 뒤에서 이런 외침 소리가 들렸다.

"셈테네이 노인! 나는 못 죽였지요!"

"제기랄! 이렇게 분할 수가!"

셈테네이는 이렇게 말할 뿐이었다.

노인이 천막에 도착했을 때 노파는 이미 짐승들의 몸뚱이 가죽을 다 벗겨 놓았다.

"자, 그 전의 북극여우는 어떻게 되었어요?"

"아니었어. 내가 다른 북극여우랑 헷갈렸지 뭐야."

그렇게 해서 먹을 것을 얻어 두 노인은 행복하게 살기 시작했다.

토끼

할머니와 할아버지가 살고 있었다. 그들에게는 아이가 있었는데 토끼였다. 어느 날 할머니와 할아버지는 먹을 것이 없어서 배가 고팠다. 할아버지가 할머니에게 말했다.

"여보, 우리 토끼를 잡아먹읍시다."

노파는 이렇게 말했다.

"내 눈이 안 보는 데서 토끼를 죽이시구려. 그릇도 없는데 무엇에다 먹을까요? 숟가락과 함지를 먼저 가져오세요. 그런 다음 먹읍시다."

노인이 말했다.

"내가 다녀오리다. 당신은 토끼가 아무 데도 못 가게 잡아 두구려."

그러고 노인은 나갔다. 노파는 앉아서 바느질을 하고 있었다. 토끼가 말했다.

"할머니, 할아버지의 가죽신을 주세요."

이 말에 할머니는 이렇게 말했다.

"자, 안 된다. 안 돼. 주면 도망가려고!"

"아니에요. 도망 안 가요."

할머니가 가죽신을 주었다.

토끼는 천막 밖에서 뛰면서 놀았고 할머니가 토끼를 불렀다.

"토끼야, 토끼야, 여기 있니?"

"예, 저 여기 있어요."

그러자 할머니는 잠이 들었다. 토끼가 할머니를 불렀지만 자고 있었다. 토끼는 할머니가 잔다는 것을 알고 곧바로 도망쳤다.

할머니가 잠에서 깼다. 토끼가 없어졌고 보이지 않았다. 노파가 밖으로 나와서 보니 토끼가 저쪽 강 건너로 도망치고 있었다.

"토끼야, 토끼야, 돌아와!"

할머니가 말했다. 이 말에 토끼는 소리쳤다.

"푸, 푸, 할머니 젖은 이제 필요 없어요! 강 버들을 먹는게 낫겠어요!"

노파는 집으로 와서 골무와 바늘을 삼키고 울기 시작했다. 노인이 도착했다.

"여보, 여기 숟가락과 함지를 가져왔소."

"여보, 우리 토끼가 도망쳤다오."

"당신이 먹었구려. 나를 지금 속이고 있군."

할아버지는 노파를 쫓아가기 시작했다. 노파를 자루에 넣고 짓밟아 죽였다. 그런 다음 노파의 배를 쨌다. 그러고 보니 노파의 배에는 바늘과 골무뿐이었다.

"에고, 이렇게 불쌍할 수가! 내가 왜 아내를 죽였을까!"

노인은 자책을 하고 토끼를 찾으러 나갔다. 족제비 한 마리를 만났다.

"족제비야, 우리 토끼를 보지 못했니?"

"방금 전에 지나갔어요."

노인은 또다시 걸어갔다. 다람쥐 한 마리를 만났다.

"다람쥐야, 우리 토끼를 보지 못했니?"

"여우 딸의 장막 아래에 토끼가 있어요."

노인은 또다시 걸어갔다. 누렇게 썩은 나무토막을 발견했다. 바지에 온통 구멍을 내서 그 썩은 나무토막을 바지에 꽂았다. 그런 다음 다시 출발해서 여우 집에 도착했다. 여우의 딸들이 말했다.

"할아버지, 우리한테 춤 좀 춰 주세요."

그렇게 해서 할아버지는 춤을 추기 시작했다. 그러자 노인의 바지 구멍에서 누런 나무토막들이 떨어졌다. 이것을 보고 토끼는 웃기 시작했다. 웃고 또 웃다가 노인에게 다가갔다. 노인은 토끼를 붙잡아서 주머니에 넣고 나왔다.

노인이 집에 가까이 왔을 때 집에서 노랫소리가 들렸다.

"누가 노래를 부르는 거지?"

노인이 집으로 들어가 보니 노파가 창문가에 앉아서 바

느질을 하고 있었다.

"여보, 여보. 우리 토끼를 데려왔소. 창고에 두었다오. 가져와서 함께 먹읍시다."

노파가 토끼를 가지러 나갔다. 하지만 토끼는 아무 데도 없었다.

"영감, 영감. 왜 나를 속이는 거요?"

노인이 나가 봤더니 정말로 토끼가 없었다. 노인은 허리춤에 도끼를 꽂고 덫을 만들어 놓았다. 그런 다음 집으로 돌아왔다.

하룻밤을 자고 아침에 덫을 보려고 나갔다. 토끼가 거기에 걸려 있었다. 노인은 토끼를 집으로 데려왔다. 노파와 함께 먹었다.

여우 이야기

늙은 여우가 한 마리 살고 있었다. 딸이 넷 있었다. 여우의 천막 입구 옆에 사람들이 나무 덫을 놓았다. 그리고 거기서 사람들이 손풍금을 연주하기 시작했다. 이 소리를 듣고 늙은 여우가 노래를 부르면서 춤을 추기 시작했다.

그링, 그링, 그링, 그링,[6)]
골니세![7)]
얘들아, 얼마나 좋은 소리가 들리는지,
나가서 봐라!

이때 큰딸이 나갔다가 덫에 걸렸다. 늙은 여우는 또다시 춤을 추기 시작했다.

그링, 그링, 그링, 그링,

---

6) 악기 소리를 흉내 낸 의성어로 보인다.

7) 이 말의 뜻은 분명치 않지만 사냥개, 곰, 여우 등의 짐승 우리를 뜻하는 고유어 '골니시에(голнисьэ)'와 발음이 비슷하다.

골니세!
나가서, 봐라,
왜 네 언니가 보이지 않지?

그러자 둘째 딸이 나갔고 또 덫에 걸렸다. 셋이 남았다. 늙은 여우는 또다시 노래를 부르기 시작했다.

그링, 그링, 그링, 그링,
골니세!

셋째 딸이 나왔다. 그 딸 역시 덫에 걸렸다. 이제 둘만 남았다. 또다시 늙은 여우가 춤을 추기 시작했다. 그러자 넷째 딸이 나왔고 또다시 덫에 걸렸다. 이제 늙은 여우 혼자만 남았다. 늙은 여우가 말했다.

"왜 내 딸들이 보이지 않는 거지? 내가 직접 나가 봐야겠군."

늙은 여우가 직접 나갔다. 그리고 덫에 걸려 죽어 버렸다. 사람들은 여우 다섯 마리를 죽여서 집으로 돌아갔다.

야생 북극암사슴

어느 날 한 청년이 잠을 깨서 자신이 어떤 가문인지 알지 못한다는 사실을 알게 되었다. 여름이었다. 모기 떼가 새까맣게 극성이었다. 그는 모깃불을 피워서 그 옆에 앉았다. 그리고 생각에 잠겼다. '어디로 가야 사람 노릇을 할 것인가?' 어두워질 때까지 그렇게 앉아 있었다. 그러다 보니 죽도록 배가 고팠다.

땅거미가 지자 그는 물이라도 마시려고 호수 쪽으로 갔다. 그런데 세상에! 호숫가에 상처 입은 메추리가 누워 있는 것이 아닌가. 매가 상처를 입혀서 떨어져 그렇게 누워 있었던 것이다. 청년은 메추리를 잡아서 날것으로 허겁지겁 먹었다. 그 후에 그의 눈은 밝아졌다. 그는 '내가 툰드라 지대를 그냥 다니다 보면 나와 비슷한 두 다리 사람을 만나지 않을까?' 하고 생각하고 무턱대고 툰드라 지대를 걸어가기 시작했다.

모기가 많아지기 시작했던 아침에 그는 또다시 모깃불을 피웠고 그 옆에 앉아 하루를 보냈다. 청년은 물이 마시고 싶어 저녁에 또다시 호숫가로 갔다.

크지 않은 호수였다. 세상에! 거기 농어 한 마리가 누워 있었다. 농어는 한 호수에서 다른 호수로 옮겨 가다가 개울에 빠졌고 헤엄쳐 나올 힘이 없어서 거기에 누워 있었던 것이다. 청년은 농어를 잡았다. 또다시 날것으로 먹었다. 그리고 다시 걸어가기 시작했다.

다음 날 불을 지폈고 모기를 피해서 누워 있었다. 그렇게 누워 있는데 무슨 신음 소리 같은 것이 들렸다. 그쪽으로 갔다. 세상에! 야생 북극암사슴이 모기 떼에 죽어 가고 있었다. 매우 살진 북극암사슴이었다! 그 사슴을 죽이고 싶었지만 그러지 않았다. 그는 암사슴 옆에 불을 피웠고 연기가 사슴한테 피어오르게 했다.

북극암사슴의 눈은 처음 보았을 때에는 감겨 있었는데 불을 피우자 눈이 조금 떠졌다. 그리고 사랑스럽게 청년을 쳐다보았다. 그런 다음 다시 눈을 감았다.

청년은 호수에서 손바닥에 물을 가져왔다. 물을 암사슴의 콧구멍에 부었다. 야생 북극암사슴은 또다시 눈을 떴다.

그렇게 그는 어두워질 때까지 물을 가져다 날랐다. 물을 계속해서 콧구멍에 부었다.

저녁에 야생 북극암사슴은 일어났다. 그러고는 앞다리의 무릎을 꿇고 머리를 땅에 갖다 댔다. 그런 다음 사랑스럽게 청년을 쳐다보기 시작했다.

청년은 무관심하게 앉아 있다가 "잘 살아! 불쌍한 것!"이라고 말하고 툰드라 지대를 걸어갔다.

야생 북극암사슴은 그대로 있지 않았다. 청년의 뒤를 따라갔다. 청년은 암사슴을 쫓아 버렸다. 그런데도 암사슴은 계속 따라왔다. 그런데 암사슴이 전에 그랬던 것처럼 계속 따라오더니 드러누웠다.

"오, 이 암사슴이 무슨 일이지?"

암사슴이 또다시 누워 있자 청년이 이번에는 암사슴의 콧구멍을 발로 찼다. 그러자 피가 흘러나왔다! 그러자 암사슴은 아리따운 처녀로 변했다!

"오, 좋은 생각을 했군요!"

이렇게 말하고 처녀는 청년에게 다가왔다.

"오, 좋구나. 내게 여자 친구가 생기다니!"

이렇게 말하고 청년은 처녀의 손을 잡았다.

그때부터 그들은 함께 살기 시작했다. 잘 살면서 부자가 되었고 아이들도 많이 낳았다.

솥단지 비슷한 썰매를 타고 다니는 사람들

한 노부부에게 늙도록 자식이 없었다. 늙어 빠진 아내가 어느 날 노인에게 말했다.

"내가 좀 이상해요."[8)]

노인이 대답했다.

"이제 와 다 늙어서 우리가 정말 아이를 낳을 수 있단 말이오? 당신이 그냥 하는 소리지."

그런 다음 몇 달이 지나서 사내애가 태어났다. 아이는 부쩍부쩍 자랐다. 벌써 집 밖에서 뛰어다녔다. 아이는 툰드라 지대를 계속해서 돌아다녔다. 그런 다음 점차 활을 가지고 다니기 시작했다. 청년이 되었다. 툰드라 지대를 돌아다니면서 여러 번 이렇게 말했다.

"솥단지 비슷한 썰매를 타고 다니는 사람들을 보았어요."

그렇게 돌아다니면서 야생 사슴을 죽였다. 집에 가져와서 어머니한테 말했다.

"뒷다리는 가져가지 마시고 출입구 왼쪽에 놓아두세요."

---

8) 임신했다는 말을 에둘러 표현한 말이다.

그렇게 야생 사슴을 손질했다. 그리고 뒷다리는 출입구 왼쪽에 놓아두었다. 그런 다음 잠자리에 들었다. 아침에 노부부가 일어났다. 나가서 보니 뒷다리가 놓여 있던 자리에 커다란 개 두 마리가 누워 있었다. 개를 본 청년은 놀라지 않았다. 다만 이렇게 말했다.

"에, 잘되었네요. 친구가 생겼잖아요!"

개들은 그렇게 청년에게 다정스럽게 굴었다.

차를 마신 후 그는 부모님 앞에 앉아서 말했다.

"자, 저를 보내 주세요. 저는 솥단지 비슷한 썰매를 타고 있는 사람들한테 다녀오고 싶어요."

부모는 울기만 했다. 아무 말도 하지 않았다. 아들이 일어서자 노인이 말했다.

"어쩌겠니. 다만 무사히 돌아오렴."

그런 다음 청년은 나갔다. 개들을 데리고 툰드라 지대로 떠났다. 그렇게 청년은 걸어갔다. 전에 말한 솥단지 비슷한 썰매를 타고 다니는 사람들이 보이기 시작했다. 그들에게는 수많은 사슴이 있었다. 그들에게 다가가자마자 개들을 풀어놓았다. 사람이건, 사슴이건, 닥치는 대로 개들이 죽였다.

그들을 죽인 후에 또다시 걸어갔다. 그렇게 툰드라 지대를 따라 걸어갔다. 툰드라 지대를 사흘 동안 걸어갔다. 집에서 얼마나 떨어졌는지 알 수가 없었다.

마침 높디높은 언덕이 솟아 있었다. 갑자기 살펴보니 저쪽 먼 곳, 평야 한가운데 집이 한 채 보였다. 거기로 갔다. 거기에 도달하니 노부부가 살고 있었다. 그들에게는 다 큰 딸이 하나 있었다.

"자, 어디서 온 것입니까?"

그들이 묻는 말에 청년이 대답했다.

"오래전에 집을 떠났습니다. 얼마나 멀리 왔는지도 모르겠습니다."

그는 자신의 개들을 툰드라에 남겨 두었다.

"조심해, 우리에 대해 얘기하면 안 돼."

개들은 그에게 이렇게 당부했다.

그는 노부부에게 딸과 세 아들이 있다는 것을 알게 되었다. 그들은 청년을 놓아주지 않았다. 사위처럼 자기 집에 붙잡아 두기 시작했다.

그리고 다음 날 세 아들과 청년이 사슴을 방목하러 나갔다. 그런데 청년이 보니 그의 동료들은 사슴 고기를 가져가지 않고 사슴의 도가니 부위만 가져가는 것이었다. 예비 숙부들을[9] 살펴본 다음 그는 자기 개들한테로 갔다. 개들한

9) 유카기르의 풍속에 따르면 자식들이 부르게 될 친족 이름으로 처가

테 다가가 야생 사슴 떼를 발견했다. 자기 주인을 보고 개들은 그 사슴 떼를 모조리 밟아 죽였다. 사슴 쪽으로 다가가서 그는 도가니 고기를 자르기 시작했다. 예비 숙부들처럼 도가니 고기를 허리띠에 꿰었다. 집에 돌아가려고 채비를 하자 개들이 말했다.

"조심하세요. 우리가 있다는 말을 하면 안 돼요."

그는 집으로 갔다. 자신의 동료들보다 더 늦게 도착했다. 그가 도착하자 노파는 가져온 네 사람의 짐을 비교하기 시작했다. 청년이 다른 사람들보다 더 많았다. 노파가 말했다.

"내 예비 막둥이의 짐이 가장 무겁구나!"

이렇게 청년은 매일 사슴의 도가니 고기만 모아 왔다. 그는 항상 다른 사람들보다 더 많은 사슴의 도가니를 모았다.

시간이 지나자 형제들은 여동생을 청년에게 시집보냈다. 그런 다음 형제들은 매제한테 개가 있다는 것을 짐작하게 되었다. 그들은 속으로 말했다.

"자기가 직접 사슴들을 죽이는 것이 아니야. 틀림없이 조력자가 있는 거야."

어느 날 그들의 사위가 또다시 사냥에 나갔다. 그가 도가니 고기를 다 꿰었을 때 개들이 자기 주인의 면전에 앉아서

식구들을 부르게 되어 있다.

말했다.

"당신의 친척들이 우리에 대해 짐작한 것 같아요. 이제 주인님한테 캐물을 거예요. 절대로 비밀을 말하면 안 돼요."

그는 집으로 돌아갔다. 다음 날 저녁에 또 사냥을 하러 나갔다. 조금 가다가 그의 아저씨들 셋이 모두 땅에 앉았다.[10] 그도 앉았다. 제일 큰 형이 매부에게 말했다.

"걱정하지 말게, 아무 일도 없을 테니. 자네한테 조력자가 있는 거지?"

"네, 조력자가 있어요."

그들이 말했다.

"누군가?"

"제게는 커다란 개가 두 마리 있어요."

이 말을 듣고 셋이 모두 함께 말했다.

"오, 그런데 어째서 툰드라에 그들을 놓아둔단 말인가? 거기서 무엇을 먹겠는가? 왜 집에 데려오지 않는 건가?"

그러자 매부가 말했다.

"그 개들은 곧 멀리 떠나야만 해요. 오지 않을 거예요."

그들은 사냥을 했고 또다시 도가니 고기를 가져왔다. 청

---

10) 유카기르 풍속에는 중요한 일을 의논할 때는 걸어가면서 하는 것이 아니라 걸음을 멈추고 땅에 앉아서 해야 했다.

년은 이번에도 더 많은 고기를 가져왔다. 집과 집 밖은 도가니 고기로 가득했다. 노파는 그 고기들을 넣어둘 데가 없을 정도였다.

어느 날 아침, 식탁에 자녀들을 앉히고 노인이 사위에게 말했다.

"이렇게 너희는 부부가 되었고 주인이 되었다. 고향집에 다녀와라."

이렇게 해서 사위는 아내와 함께 유목지를 옮겨 가기 위해서 떠났다. 그들은 부모님 집까지 도착했다. 노부부는 이미 죽어 있었다. 옷을 입혀 부모의 장사를 치렀다. 그런 다음 아내에게 말했다.

"여기서 하루를 묵은 후에 도로 가야 할 것 같소."

"좋아요."

"내 친구들을 찾아봅시다."

이렇게 해서 다음 날 그는 혼자 나갔다. 언덕을 올라가자 언덕의 다른 편, 비탈에 개들이 있었다. 주인이 그들에게 다가갔다. 두 개들이 말했다.

"자, 헤어집시다."

이렇게 해서 개들은 양쪽에서 주인에게 달려가서 오랫동안 핥았다. 핥기를 멈추자마자 돌아서서 껑충껑충 뛰어 사라졌다. 개들은 한 번도 뒤돌아보지 않았다.

청년은 자기 집으로 갔다. 하루를 머물고는 처가의 노인들한테로 되돌아갔다.

라마도

한 농군이 아내와 함께 살고 있었다. 아이가 태어났다. 농군이 아내에게 말했다.

"에이 이런! 내 아이가 아니다!"

아버지는 아이를 들어서 천막 아래에 던져 버렸다. 던지고는 이렇게 말했다.

"이름을 라마도[11]라고 부르지 뭐."

어머니는 아이를 몰래 키우면서 젖을 먹였다. 아이는 점점 자랐다. 아버지는 이렇게 말하곤 했다.

"죽지도 않네. 도대체 무엇 때문에 사는 거지?"

아내는 또다시 아이를 낳았다. 그러자 농군이 말했다.

"이 아이가 바로 내 아이다!"

첫 번째 아이는 자라서 자주 툰드라를 돌아다니다가 집으로 돌아왔다. 그 아이는 사냥꾼이 되었다. 그런 다음 결혼을 했다. 동생도 자랐다. 그리고 아버지에게 말했다.

"자, 어서 저에게도 여자를 구해 주세요!"

그러면서 동생은 계속 형의 집에 다녔다.

---

11) '개의 새끼'라는 뜻이다.

아버지가 말했다.

"형에게 가서 아버지가 '곰을 데려오라!'고 명했다고 말해라."

형이 곰을 잡으러 떠나려고 할 때 아내가 말총을 주면서 말했다.

"이 말총으로 곰을 데려오게 될 거예요."

형은 곰을 데려와서 아버지에게 끌고 갔다. 아버지가 놀라서 말했다.

"왜 곰을 데려왔느냐. 데려가라!"

형은 곰을 놓아 주었다.

형이 길을 떠났을 때 동생이 형수한테 하룻밤 묵으러 갔다. 동생이 자려고 누웠다. 형수가 말했다.

"장작을 패러 가야겠어요. 남편이 있었다면 그가 패 주었을 텐데."

"기다리세요. 제가 할 수 있어요."

동생은 장작을 패기 시작했다. 그러자 손이 도끼에 달라붙었고 도끼는 나무에 달라붙었다. 동생은 그렇게 밤을 지새웠다. 다음 날 아침에 형수가 왔다.

"여기서 뭐 하시는 거예요?"

형수는 그를 떼어 냈다. 동생은 집으로 돌아갔다. 아버지가 말했다.

"자, 어떻게 밤을 보냈느냐?"

"좋았습니다."

형수는 남편에게 이렇게 말했다.

"아버님은 당신이 죽기를 바라고 곰을 잡아 오라고 보내신 거예요!"

동생은 아버지에게 또다시 이렇게 말했다.

"형을 죽입시다. 형수를 취하고 싶단 말이에요."

아버지가 말했다.

"형한테 가서 말해라. 늑대를 잡아서 내게 가져오라고."

동생은 형한테 가서 말했다.

"아버지가 늑대를 잡아 오라신다."

형의 아내는 또다시 말총을 주면서 말했다.

"이것으로 데려오세요. 당신 아버지는 당신이 죽기를 바라서 여기저기 보내는 거예요. 당신 동생이 나를 아내로 삼으려고 당신을 죽이라고 부추기는 거라고요."

라마도는 늑대를 잡아서 아버지한테 끌고 갔다. 아버지는 너무 놀라서 말했다.

"왜 늑대를 데려왔느냐. 무섭구나. 어서 풀어 줘라!"

형은 늑대를 풀어 주었다.

동생은 계속해서 형수한테 갔고 거기서 살기 시작했다. 형수가 자려고 누웠다. 형수는 잠들기 전에 시동생에게 이렇게 말했다.

"형이 있었다면 '물 좀 가져다주세요'라고 말했을 텐데."

동생이 말했다.

"제가 직접 가서 가져올게요."

동생의 손은 그릇에 달라붙었고 그릇은 얼음에 달라붙었다. 동생은 거기서 밤을 보냈다. 다음 날 아침 형수가 일어나서 또다시 그의 손을 떼어 주었다. 그는 자기 집으로 갔다. 아버지가 말했다.

"자, 어떻게 밤을 보냈느냐?"

"잘 보냈어요!"

동생은 또다시 소리치기 시작했다.

"어떻게 형을 죽여 버릴 수가 있을까요?"

"형한테 가서 악마를 데려오라고 말해라."

그는 형한테 가서 말했다.

"아버지가 악마를 데려오라고 하셨어."

형은 말했다.

"더 이상 아무 데도 안 갈 거야. 이제 됐어. 어쨌든 나를 죽일 수는 없을 거야."

작은아들이 그렇게 시간을 보내는 동안 부모는 먹을 것이 떨어졌다. 아버지는 늙었고, 일할 힘이 없어졌다. 이들은 먹을 것이 없어서 큰아들 집에 있게 되었다. 그는 아버지와 동생에게 장작을 패게 하고 물을 길어 오게 시켰다. 그들에게는 음식만 주었다. 그러나 어머니는 잘 보살폈다. 그가 말했다.

"아무도 나를 돌봐 주지 않았지만 어머니만이 나를 키워 주셨다. 내 아버지와 동생은 나를 죽이려 했다."

형은 아버지와 동생을 야외 천막에서 지내도록 했다. 그리고 말했다.

"나를 천막의 아랫부분에 던졌을 때 내가 그랬던 것처럼 그렇게 사세요."

그런 다음 형은 부자가 되었고 아이들을 많이 낳았다. 그렇게 살기 시작했고 지금까지도 그렇게 살고 있을지도 모른다.

옛사람들의 소녀

옛사람들에게 소녀가 한 명 있었는데 딸기를 따러 가서 먹다가 길을 잃었다. 주위를 둘러보았다. 소녀는 들딸기 때문에 온통 빨간 대평원 한가운데 있다는 것을 알게 되었다. 그 평원은 끝도 보이지 않았다. 소녀는 자신이 어디서 왔는지도 기억할 수가 없어서 너무 무서웠다.

그렇게 헤매다가 해한테 소리쳤다.

"내 집이 어디야?"

해가 웃으면서 말했다.

"딸기가 많으니 조금 길을 잃고 헤매도 돼. 내가 얼지 않게 해 줄게. 내 석탄은 아직 힘이 있어. 딸기 때문에 머리를 잃어버리지는 마라."

소녀가 호수에게 소리쳤다.

"내 집이 어디야?"

호수가 말했다.

"딸기가 많으니 조금 길을 헤매도 돼. 내 녹은 물이 있는 동안은 목이 말라 고생하지는 않을 거야. 나한테는 물이 많아. 딸기를 너무 탐내지는 마."

이번에는 먹구름한테 소리쳤다.

"내 집이 어디야?"

"딸기가 많으니 조금 길을 잃고 헤매도 돼. 내가 얼지 않게 해 줄게. 우리 빗물이 아직 따뜻하니까."

바람에게 소리쳤다.

"내 집이 어디야?"

"딸기가 많으니 조금 길을 잃고 헤매도 돼. 내가 숨을 죽여서 네가 얼지 않게 해 줄게."

소녀는 서서 울기 시작했다. 토끼가 깡충깡충 뛰어서 다가왔다.

"왜 울고 있어? 아이야!"

"집을 잃어버렸어."

"불쌍해라! 이 언덕 너머에서 찾아봐."

그런 다음 토끼는 도망쳤다. 소녀가 뒤로 가 보자 언덕의 저 쪽에서 꼬리를 끌면서 북극여우가 천천히 걸어왔다.

"왜 울고 있니, 소녀야?"

"집을 잃어버렸어!"

"불쌍해라! 네 집은 네 앞에 있어. 우리를 위해 신이 주신 음식을 너무 많이 먹지 마라!"

소녀가 걸어가는데 곰이 다가왔다.

"내 손녀야, 왜 울고 있니?"

"집을 잃어버렸어."

"불쌍해라! 네 집은 네 앞에 있어. 우리를 위해 신이 주신 음식을 무턱대고 먹지 마라!"

소녀는 더 크게 울기 시작했다. 그런 다음 자신이 딸기 언덕 가운데에 있다는 것을 알게 되었다. 그리고 자기 집이 그녀 앞 언덕 위에 보인다는 것을 알았다.

그때서야 소녀는 딸기를 실컷 먹고 잠이 들었다는 사실을 깨달았다. 꿈에서 길을 잃었던 것이었다.

소녀는 집으로 가서 모든 것을 이야기했다. 그때부터 모든 사람들에게 말했다.

"딸기를 너무 많이 먹은 사람은 이성이 흐려져요. 이 때문에 어린아이처럼 울보가 되는 거예요."

도르부

도르부가 자기 천막에 누워 있었다. 그는 등을 대고 누워서 말했다.

"누가 나한테 도르부라는 이름을 지었을까?"

그런 다음 도르부는 나가 숲에서 살게 되었다. 거기에는 커다란 그루터기가 불쑥 솟아 있었다. 그루터기가 말했다.

"도르부!"

도르부는 화가 치밀어서 그루터기한테 가서 말했다.

"이 그루터기가 바로 내 이름을 지었구나!"

손으로 때렸더니 손이 그루터기에 붙어 버렸다. 발로 찼더니 발이 붙어 버렸다. 무릎으로 밀었더니 무릎이 붙어 버렸다. 그가 그루터기에 붙어서 누워 있을 때 하늘이 갑자기 어두워졌다. 악마가 그를 잡아먹으려고 내려왔다. 악마는 다가와 말했다.

"오, 이렇게 기쁠 수가! 내 부하가 도르부를 잡았구나."

악마는 도르부를 붙잡아서 다치지 않게 주머니에 집어넣었다. 그러고는 도르부를 잡아먹으려고 자기 집으로 갔다. 악마는 아내인 할망구에게 말했다.

"할망구, 내가 도르부를 데려왔어. 함께 먹읍시다."

노파가 나와 악마의 하나밖에 없는 주머니를 샅샅이 뒤졌지만 아무것도 없었다. 악마의 할망구가 집으로 돌아와서 말했다.

"당신 혼자 먹었으면 그렇다고 말을 해야지."

도르부는 나무칼로 악마의 주머니를 찢고 도망쳤던 것이다.

도르부는 자기 집으로 와서 누웠다. 또다시 악마가 와서 말했다.

"기다려, 도르부. 내가 너를 잡아먹겠다."

악마는 도르부를 붙잡아서 주머니에 넣었다. 그리고 떠났다.

도르부는 또다시 도망쳤다. 그리고 그냥 앉아 있는데 사슴을 키우는 한 사람이 다가와서 말했다.

"도르부, 뭐 하고 있어?"

"에이, 나한테 말 시키지 마세요. 지금 우리 할아버지가 오실 거예요. 할아버지가 내게 아내를 데려올 거예요. 저는 지금 기다리고 있어요."

그 사람이 말했다.

"내 사슴을 모두 가져가라. 내가 너 대신에 앉아 있을게."

도르부는 사슴을 한 마리도 남김없이 모두 데리고 집으로 향했다.

악마는 도르부 대신 앉아 있던 사람을 주머니에 집어넣었다. 그 사람도 구멍으로 빠져나갔다. 그리고 멀리 도망쳤다.

악마는 또다시 도르부에게 와서 그를 불렀다. 도르부가 다가가니까 그를 붙잡아서 또 주머니에 넣었다. 도르부는 또다시 빠져나가 앉아 있었다. 말을 모는 한 사람이 다가와 말했다.

"왜 앉아 있는 거요?"

"우리 할아버지가 오실 건데, 날개 달린 말을 데려올 거예요."

그 사람이 말했다.

"내 재산과 말들을 모두 가져가라."

그 사람이 그렇게 앉아 있는데 악마가 왔다. 악마는 그 사람을 잡아서 주머니에 넣었다. 그 사람은 빠져나와서 도망쳤다.

그렇게 해서 건장한 악마는 아내인 할망구가 사람을 빼돌린 줄 알고 할망구를 죽였다. 악마는 이후 또다시 도르부를 찾으러 갔다. 도르부는 집에 누워 있었다. 악마가 말했다.

"도르부, 이리 와라. 너를 잡아먹겠다."

도르부는 나가지 않고 말했다.

"나를 잡아먹고 싶으면 직접 들어와라."

악마가 땅을 파고 또 팠지만 들어갈 수가 없었다. 악마의 코가 집에 나타나자 도르부는 그를 죽여 버렸다.

그렇게 끝났다. 도르부는 바로 쥐였다.

아낙네

천막이 많이 세워져 있었다. 그곳 아낙네들은 계속 딸기를 따러 다녔다.

거기에 한 노인이 살고 있었다. 그에게는 딸이 하나 있었다. 노인은 자기 딸을 아무 데도 가지 못하게 하고 계속 집에 데리고 있었다.

한번은 아낙네들이 또 딸기를 따러 갔다. 노인의 딸도 아낙네들과 함께 나갔다. 딸기를 따러 먼 곳까지 갔다. 아낙네들은 집으로 돌아오면서 본의 아니게 노인의 딸을 두고 갔다.

혼자 남은 아가씨는 길을 찾을 수가 없어서 앉아 있다가 집을 찾기 시작했다. 그렇게 찾아다니다가 곰의 집을 발견했다. 곰과 살기 시작했다. 그리고 아가씨는 자식을 낳았다.

아낙네가 된 아가씨는 낮에 남편에게 딸기를 따 주었다. 어느 날 그렇게 딸기를 따고 있는데 노랫소리가 들렸다. 딸기를 따면서 노랫소리에 귀를 기울였다. 노래 부르는 사람이 말했다.

아낙네야, 내게 와라, 내게로!

아낙네야, 내게 와라.

그녀는 어떻게 하면 남편 몰래 떠날 수 있을지 생각하기 시작했다. 그러던 중 한번은 딸기를 따러 나갔다가 도망쳤다. 노랫소리가 들리는 곳으로 갔다. 노래하는 사람이 말했다.

아낙네야, 귀걸이를
내 귀에 걸어라!
나는 네 남편 같은 사람이니,
두려워 마라!

그녀는 거기로 갔다. 맞은편에서 커다란 곰이 나왔다. 그녀는 곰의 귀에 귀걸이를 걸어 주었다. 곰이 말했다.

"어서 숨어라! 큰 소리가 멈추면 저쪽으로 가라."

그녀는 언덕 뒤에 숨었다. 주위를 둘러보니 그녀의 발자국을 따라 걸어오고 있는 전남편이 보였다. 두 마리 곰이 마주쳤고 아낙네를 차지하려고 싸우기 시작했다. 전남편이 졌다.

그녀는 도망쳤다. 걷다 보니 천막들이 보였다. 그곳까지 갔다. 가운데 천막으로 들어가 보니 한 청년이 땀을 닦으며 앉아 있었다. 그에게 귀걸이가 있었다. 이 여자는 자기의 귀걸이를 알아보았다. 그 귀걸이가 어떻게 청년에게 있는 것일까?

이 사람은 여자를 뺏으려고 곰으로 변했던 것이었다.

그는 여자를 취해서 아내로 삼았다. 그 후에 청년은 이렇게 말했다.

"만약 당신 부모님을 지금 만난다면 알아보겠소?"

"알아보죠."

그들은 이 여인의 부모에게로 출발했다. 그들이 도착하니 여자의 어머니는 천막 지붕에서 눈을 쓸어 내고 있었다. 딸이 말했다.

"저를 알아보시겠어요?"

어머니는 딸을 알아보고 기뻐서 울었다. 서로 입맞춤을 했다. 아버지가 집 밖으로 나왔고 그도 울었다. 달려가서 딸을 껴안았다.

이렇게 이 여인은 남편과 함께 살기 시작했다. 그들은 부자가 되었고 아이들도 많이 낳았다.

도부레

도부레라는 사람이 살았다. 그에게는 아내가 있었다. 그는 수공업을 했다. 어느 날 그가 걸어가고 있는데 나무 꼭대기에서 외치는 소리가 들렸다.

"도부레, 도부레, 이리 와, 이리!"

"누가 나를 부르는 거요?"

도부레가 그렇게 말한 후 나무 꼭대기를 보았더니 덫이 보였다. 도부레는 거기로 올라가다가 덫에 걸렸다. 덫이 소리치기 시작했다.

"주인님, 어서 오세요. 제가 안 좋아요!"

그러자 이상한 노인의 발걸음 소리가 들렸고 그의 노랫소리도 들렸다.

릴루 릴루,
반대편 강변의 숲,
노인인 나는 헛간에서 말린다네,
릴루 릴루!

노인은 나무에 올랐다. 도부레를 붙잡아서 주머니에 넣

었다. 그리고 덫에게 말했다.

"또 다른 놈들을 잡아라!"

이상한 노인은 그 자리를 떠났다.

노인에게는 자식이 여덟 있었다. 아이들이 좋아했다. 아버지가 음식을 가져온 것이었다. 도부레를 집에 걸어놓았다. 도부레가 말했다.

"할아버지, 할아버지의 칼은 저한테 소용없어요. 시르하시[12]한테 가셔서 칼을 얻어 오세요."

이상한 노인은 칼을 가지러 나갔다. 시르하시한테 도착해서 말했다.

"시르하시, 내가 왔소."

"왜 왔지요? 왜 칼을 달라는 거예요?"

"도부레 고기를 먹으려고요."

"그렇게 하기는 내 칼이 무뎌요. 냐댜이에[13]한테 가 보세요. 칼을 갈아야 하거든요."

이상한 노인은 또다시 길을 갔다. 냐댜이에한테 가서 말했다.

"냐댜이에, 당신의 칼갈이 좀 주시오."

---

12) '여자 숙련공을 위한 작은 칼'이란 뜻이다.

13) '칼갈이'란 뜻이다.

"당신한테 그게 왜 필요하오?"

"도부레 고기를 먹으려고요."

"내 칼갈이는 너무 커요. 당신은 들 수도 없을 거요. 암소한테 가서 부탁해 보시오."

이상한 노인은 또다시 길을 떠났다. 암소한테 가서 말했다.

"암소야, 너한테 왔구나."

"왜 오셨어요?"

"도부레 고기를 먹으려고."

"얘들아, 나와라. 너희 암소에 줄을 매서 할아버지한테 드려라."

그러자 아이들이 나와서 이상한 노인에게 작고 작은 암소를 내주었다.

그리고 늙은 암소가 이상한 노인에게 말했다.

"내 암소를 데려가시오. 다만 화를 내지 말고 뒤돌아보지 마시오."

"왜 화를 내겠어요?"

이상한 노인은 암소에 줄을 매서 끌고 갔다.

갑자기 송아지의 코와 입에서 불이 뿜어져 나왔다. 그러더니 커다란 황소가 되었고 철 뿔이 솟아나왔다. 그런 다음 이상한 노인의 어깨를 받았다. 얇은 뼈와 함께 그의 심장이 온통 드러났고 으깨졌다.

이상한 노인이 말했다.

"암소야, 암소야, 아이고!"

그러자 암소가 또다시 뿔로 받았다. 이상한 노인은 말했다.

"암소야, 암소야, 졸리구나. 자야겠다."

그렇게 이상한 노인은 죽었다.

암소가 노인의 집에 가서 보니 도부레가 이상한 노인의 자식들을 모두 잡아먹었다. 암소는 도부레에게 말했다.

"그 나무의 뿌리 밑을 잘라서 장작처럼 태워 버려라."

그러자 도부레가 출발해서 그 나무에 갔다. 거기에는 아리따운 아가씨가 앉아서 은빛 머리칼을 빗고 있었다.

도부레는 다가가서 말했다.

"두고 보시오, 두고 봐. 당신이 만약 덫이라면 내가 죽일 거요!"

이 말에 여자가 말했다.

"좋은 사람이군요. 좋은 사람이에요! 저를 죽이지 마세요. 이상한 노인이 저를 덫으로 변화시켜서 많은 사람들을 유혹하게 하고 겁에 질리게 해서 묶어 간 거예요. 저는 딸기를 따러 왔다가 길을 잃었던 거예요. 노인이 저를 발견해서 겁을 주고 덫으로 변화시켰어요."

도부레는 여자를 데려다가 아내로 삼았다. 그리고는 자식들과 늙은 아내를 데려왔다. 도부레는 두 번 결혼해서 살았다.

구슬 턱수염 노인

한 노인이 살았는데 그에게는 자식이 둘 있었다. 하나는 딸이고 하나는 아들이었다. 노인이 계속 물을 마시고 싶어 해서 노파는 항상 손에 물을 가지고 다녔다. 노인은 마시고 또 마셔도 갈증이 풀리지 않았다. 노파에게는 더 이상 힘이 없었다.

어느 날 노파가 말했다.

"영감, 저한테는 더 이상 힘이 없어요. 영감이 직접 강으로 가서 얼음 구멍에서 물을 마셔요."

그러자 노인은 얼음 구멍으로 내려가서 물을 마시기 시작했다. 엎드려서 물을 마셨다. 그렇게 누워 있을 때 한 이상한 노인이 구슬 턱수염 노인의 턱수염을 꽉 붙잡았다.

구슬 턱수염 노인이 말했다.

"저를 먹지 마세요. 저한테는 자식이 두 명 있어요. 그 자식들을 드세요."

그러자 이상한 노인은 그를 풀어 주었다. 노인은 집으로 돌아갔다. 집에 와서 노파에게 말했다.

"여보, 어서 빨리 도망칩시다!"

노파가 말했다.

"우리 아이들은 어떻게 하고요?"

노인이 말했다.

"마룻바닥 밑에 숨깁시다."

그들은 자식들을 마룻바닥 밑에 숨기고 도망쳤다.

이때 이상한 노인이 도착했다.

"자, 모두 어디로 도망쳤지?"

이상한 노인은 말굽을 찾아 물었다.

"말굽아, 네 주인은 어디로 갔니?"

"말하지 않을 거예요. 우리 주인은 저한테 잘해 주셨거든요."

이상한 노인은 말굽을 부숴 버렸다. 그런 다음 찻주전자를 발견했다. 그리고 물었다.

"찻주전자야, 네 주인은 어디로 갔니?"

찻주전자가 말했다.

"말하지 않을 거예요. 우리 주인은 저한테 잘해 주셨거든요."

그러자 벽난로에서 깡통 하나가 대답했다.

"할아버지, 제가 말할게요. 주인은 자식들을 마룻바닥에 숨겨 놓고 도망쳤어요."

"좋다. 네가 말해 주었구나!"

이상한 노인은 아이들을 자기 자식처럼 데려갔다. 그렇

게 떠났다. 노인은 한곳에 앉아서 아이들에게 말했다.

"얘들아, 내 몸에서 이 좀 찾아봐라."

아이들은 그의 몸에서 이를 찾기 시작했다. 그에게 이는 쥐와 족제비뿐이었다.[14)]

이때 이상한 노인은 잠이 들었다. 그때 망아지 한 마리가 와서 말했다.

"얘들아, 나한테 올라타."

망아지는 아이들을 태우고 도망쳤다.

이상한 노인이 잠에서 깨 아이들이 도망친 것을 알고 뒤쫓기 시작했다. 노인은 침과 함께 도끼를 뱉어 냈다.[15)] 이상한 노인은 달려들어서 망아지를 죽이고 아이들을 데리고 갔다.

그들은 집에 도착했고 아이들은 또다시 노인의 이를 찾기 시작했다. 이상한 노인은 또다시 잠이 들었다. 그가 자는 동안 비쩍 마른 송아지 한 마리가 왔다.

"얘들아, 어서 빨리 내 등에 올라타!"

아이들은 송아지 등에 타고 도망쳤다.

---

14) 유카기르족은 식인 노인의 몸에 있는 이가 쥐와 족제비들이라고 생각했다.

15) 유카기르 민속에서 침 뱉기는 위험하면서도 모욕적인 행동이다.

이상한 노인이 잠에서 깨서 보니 또 아이들이 없었다. 그래서 달려 나갔다. 달리고 또 달렸지만 쫓을 수가 없었다. 송아지가 말했다.

"애들아, 나한테서 이를 찾아봐. 커다란 이를 찾으면 그 이를 죽여. 그러면 나는 죽을 거야. 하지만 나를 불쌍하게 여기지 마. 저기 멀리 저쪽에 울타리처럼 내 가죽을 세워 놓아. 가운데에는 내 머리를 놓아 줘. 네 곳에 내 발굽 네 개를 놓아 주고. 그 안에서 자면 돼."

아이들이 그렇게 했다. 아이들은 잠이 들었다. 그런데 잠에서 깨 보니 온갖 재물이 가득한 좋은 집 안에 있었다. 문 옆에는 철 줄에 개가 두 마리 묶여 있었다. 오빠가 말했다.

"정말 멋진 개다!"

그런 다음 오빠는 사냥하러 나갔다. 오빠는 개 한 마리를 풀었다. 여동생은 집에 남았다.

여동생은 '어디서 약혼자를 구하지?'라고 생각했다. 머리카락으로 그물을 엮어서 강에 던지고 다음 날 아침에 보러 나왔다. 그물을 보았더니 전에 알던 이상한 노인이 걸려 있었다. 이 때문에 여동생은 기뻐서 거의 죽을 지경이었다. 그 노인을 집에 데려와서 머리맡에 밀어 넣었다.

오빠가 왔다. 그도 기뻐서 거의 죽을 지경이었다. 여동생은 온갖 음식을 식탁에 차렸다. 오빠는 먹기 시작했다. 다 먹자 또다시 사냥하러 나갔다.

오빠가 없자 여동생은 이상한 노인을 배부르게 먹인 후에 이렇게 말했다.

“우리 오빠를 어떻게 죽일까요?”

이 말에 노인이 말했다.

“죽이기는 어렵지 않은데 어떻게 죽일까? 그가 오면 훌륭한 음식을 장만해.”

“예, 예. 맞는 말씀이에요.”

여동생이 말했다.

그때 개 한 마리가 그들의 얘기를 들었다. 개는 주인을 맞이하러 달려 나갔다. 도중에 개는 주인을 만나 이렇게 말했다.

“큰일 났어요. 여동생이 이상한 노인에게 시집가서 살려고 해요. 집에 가면 음식을 차려 줄 테니 먹지 마세요. 이상한 노인이 음식에 침을 뱉었어요. 제발 그 음식을 먹지 말고 재빨리 저한테 던지세요.”

오빠가 집으로 오자 여동생이 식탁에 음식을 차렸다. 그는 먹지 않고 재빨리 개한테 던졌다. 음식을 던지자 음식이 개의 아가리에 들어가서 불로 변했다. 개는 불과 싸우기 시작했다. 오빠가 보니 이상한 노인은 그물로 변해서 누워 있었다. 개가 노인을 죽였다. 그러자 개의 주인이 기뻐하면서 말했다.

"너는 훌륭한 개구나. 나를 죽음에서 구해 주었어."

오빠는 여동생에게 활을 쏘았고 여동생은 화살에 맞아 죽었다. 그리고 오빠는 떠났다.

욕심 사나운 노인

한 노인이 아내와 살고 있었다. 그들에게는 어린 두 딸이 있었다. 노인에게는 코가 네 개 있는 그물이 있었다. 그는 그 그물을 호수에 놓았다. 그래서 하루에 네 마리씩 붕어를 끌어 올렸다.

어느 날 노인이 아내에게 말했다.

"여보, 우리 아이들을 죽입시다. 그리고 우리가 붕어 두 마리씩을 먹읍시다."

이 말에 아내가 말했다.

"영감, 당신이 저쪽으로 애들을 데려가서 죽이세요."

노인은 아이들을 딸기 따러 가자고 데려갔다. 멀리멀리 데려갔다. 딸기가 많은 곳으로 데려갔다. 거기서 아이들은 딸기를 따기 시작했다. 노인은 겉옷을 벗어서 그루터기에 걸쳐 놓았다. 그리고 집으로 갔다.

아버지의 겉옷을 보고 아이들이 말했다.

"우리 아버지가 여기 계시는 거야."

아이들은 딸기를 그릇에 가득 채우고 집으로 출발했다. 도중에 길을 잃었다. 그렇게 어림잡아 가다가 강까지 이르게 되었다. 강을 따라 아래로 내려갔다. 커다란 돌 하나를 발견했다. 언니가 말했다.

"이 돌을 장난감 대신에 가져가자."

동생이 말했다.

"무서워. 가져가지 말자."

그러나 언니는 그 돌을 들어 올렸다.

그런 다음 또다시 걸어갔다. 가다 보니 한 집에 이르게 되어 그 집에서 살기 시작했다. 아이들은 어느 날 딸기를 따러 갔다. 아이들이 나가자 그 돌이 이상한 노인으로 변했다. 노인은 갖가지 음식을 준비해서 식탁에 차려 놓았다. 그런 다음 또다시 돌이 되었다. 언니는 그 음식을 먹었다. 동생은 먹지 않았다.

다음 날 아침에 아이들은 아무 데도 가지 않고 숨어 있었다. 돌이 또다시 이상한 노인으로 변했다. 그리고 갖가지 음식을 준비해 식탁에 차려 놓았다. 노인은 또다시 돌이 되었다. 아이들은 집으로 들어오는 척했다.

"누가 식탁에 이 음식을 준비했을까?"

그리고 아이들은 솥에 물을 부었다.

"우리 아이를[16] 목욕 시키자."

물이 끓기 시작했다. 아이들은 돌을 끓는 물에 던졌다.

---

16) 돌을 비유적으로 말하는 것이다.

그런 다음 도망쳤다. 이상한 노인은 머리에 솥을 쓰고 달려갔다.

"나한테서 도망치지 못할 것이다! 쫓아가서 잡아먹어 버리겠다!"

도망가다가 아이들은 한 노파를 만났다.

"할머니, 우리를 숨겨 주세요."

노파는 자기 자식처럼 아이들을 받아 주었다. 이상한 노인은 바다까지 가서 바닷물에 빠졌다. 그렇게 죽었다.

스라소니가 토끼를 잡아먹는 이유

옛날 사람들이 살던 먼 옛날에 땅 한가운데에 한 노인이 살았다. 동물이나 사람들이 무엇을 부탁하든지 그는 다 만들어 주었다. 노인은 그렇게 솜씨 있는 장인이었다. 동물들에게 발굽, 손톱, 발톱을 만들어 주어서 동물들은 잘 다녔고 모든 것을 했다. 뿔이 있는 동물들에게는 뿔을 단단하게 만들어 주었다. 노인은 그런 장인이었다.

토끼가 스라소니의 딸에게 장가들고 싶어 했다. 부모들 사이에 합의를 했다.

"좋다. 결혼해라."

그리고 부모가 토끼에게 이렇게 충고했다.

"무슨 선물이라도 좀 해라! 약혼녀에게 선물을 해야지."

토끼가 충고를 듣고 노인에게 가서 말했다.

"내 약혼녀를 위한 반지를 만들어 주세요."

노인은 숲에 살았다. 토끼는 스라소니들에게 다녀왔다. 그들이 몇 명인지, 어떻게 사는지, 그들이 누구인지를 확인했다. 아버지, 어머니, 형제자매들, 할머니, 할아버지가 있었다. 그들 모두에게 선물을 만들어서 주었다. 여자들에게는 그릇을 만들어 주었고 남자들에게는 발굽, 도끼, 스키,

탄띠를 만들거나 지어서 선물했다.

약혼녀에게 반지를 만들어 선물하는 일만 남았다. 그런데 약혼녀의 손을 본 적도 없었고 잡아 본 적도 없었다. 토끼는 자기 손을 재서 노인과 함께 반지를 만들기 시작했다.

첫 번째로 만들어서 보냈다. 두 번째로 만들어서 보냈다. 그 반지들을 가져갔던 동물들이 와서 말했다.

"맞지 않아요!"

스라소니 아가씨는 맞지 않았던 반지들을 네발 달린 동물들에게 주었다. 그래서 사슴, 말, 암소, 다람쥐, 큰사슴, 여우, 늑대오소리, 곰의 옆구리, 이마, 가슴, 다리와 코에 알록달록한 반지가 달라붙게 되었다.

토끼는 노인과 아침부터 저녁까지, 밤이 될 때까지 계속 만들었다. 아무것도 만들지 못한 채 그렇게 일을 끝마쳤다. 반지를 만들어도 맞지를 않았다.

어느 날 노인이 말했다.

"밤에 일을 해 보자. 어쩌면 밤에 정확하게 만들게 될지도 모르잖아. 우리 호숫가에 가자. 거기서 만들기 시작하자. 옆에는 물이 있잖아. 달빛도 있고."

모든 것을 가져갔다. 노인은 단련기용 철, 망치, 모피, 쇠붙이 조각, 재단기, 불갈고리 등을 호숫가로 날랐다. 그렇게 반지를 만들기 시작했다. 날이 어두워지자 그들은 달빛 아래서 밤에 일했다. 달빛은 물에 반사되었고 그들은 매우 밝은 상태로 일을 할 수 있었다. 마치 두 개의 빛이 비치는 것 같았다. 하늘과 물에서.

어느 날 그런 밤에 이런 소식이 들렸다. 스라소니의 딸이 늑대오소리에게 시집을 갔다는 것이다. 이 소식을 들은 토끼 족속은 속았다며 주문을 외기 시작했다. 토끼의 이 주문으로 노인과 모든 동물들이 달에 닿았다. 그래서 거기에 달라붙었고 거기에 보이게 되었다.

그래서 지금 스라소니는 토끼를 잡아먹고 그 뼈는 늑대오소리를 먹이려고 남겨 두는 것이다.

하바타

하바타는 부자였다. 사슴들과 온갖 재물과 여러 물건들을 그는 가지고 있었다. 결혼을 해서 그에게는 아들 하나, 딸 하나가 있었다. 사슴이 많았고 재물도 많았고 머슴도 많았기에 그는 아무것도 하지 않았다.

하바타는 근처에 있는 부자들이나 사람들을 만나러 다녔다. 그는 몇몇 부자들이 자신보다 더 잘살고 부자라는 사실을 알게 되었다. 그래서 '어떻게 하면 더 부자가 될 수 있을까'를 생각했다.

어느 날 하바타는 예지몽을 꾸었는데 예언가가 이렇게 말했다.

"당신은 더 부자가 되기를 갈망하고 있지? 당신을 부자로 만들어 줄 것이 바다에 있다네. 그것을 얻어서 모든 가까운 사람들과 비교해 보게나."

하바타는 아침에 잠이 깨서 생각에 잠겼다. 그리고 '좋다, 가야겠다'라고 결심했다. 그는 아내에게 말했다.

"다섯 사람분의 옷과 음식을 준비하시오. 반년 동안 먹을 수 있을 양으로 말이오."

그 후에 그는 머슴들을 불러 그들과 얘기를 나누었다. 가장 훌륭하고 젊은 머슴들에게 말했다.

"우리는 반년 동안 바다 저쪽으로 사냥을 떠날 것이다. 좋은 사슴들을 잡고 썰매를 골라라."

하바타는 썰매에 음식을 실었다.

이렇게 대규모로 출발했다. 하바타에게는 개가 한 마리 있었다. 그 개를 데려갔다. 개는 사람들이 하는 말을 모두 알아들었다.

이렇게 조금씩 바닷가에 가까워지기 시작했다. 머슴들에게 하바타가 말했다.

"바다에는 사슴들에게 줄 먹이가 없다. 그러니 여기서 풀과 이끼를 가져가자. 한 달 먹일 양을 베어라."

그 후에 바닷가로 옮겨 갔다. 이렇게 얼음을 타고 바다 한가운데로 갔다. 갑자기 섬이 나왔다. 거기에는 나무가 자라고 있었다. 그들은 기뻐하면서 그곳을 숙소로 정했다. 자기들끼리 이렇게 말했다.

"우리가 뒤로 가는 것이 나을까? 섬이 나을까?"

하바타의 머슴 셋이 천막을 세웠다. 한 사람은 불을 피우려고 장작을 팼다. 장작을 패면서 주인을 불렀다. 거기 나무에는 풀 모양의 줄기들이 깔려 있었다. 그것을 보면서 하바타는 이렇게 생각했다. '꿈이 맞는 것 같군!'

안개가 낀 날이었다. 갑자기 개가 짖어 대기 시작했다.

하바타가 가만히 보니 어떤 키가 큰 사람이 오고 있었다. 머슴에게 말했다.

"어서 숨자! 그가 가까이 오면 활을 쏘자."

그가 가까이 왔을 때 나무토막 위에 엎드려 있던 머슴이 활을 쏘았고 가슴에 맞았다. 그는 뒤돌아서 도망쳤다.

그 후에 하바타는 머슴들에게 말했다.

"우리 사슴을 모두 데리고 와서 묶고 물건을 썰매에 실어라. 좋지 않은 징조다. 우리를 잡아먹을 거야. 떠나자."

그런 다음 하바타는 말했다.

"나 혼자 저기에 다녀오겠다. 거기에 무엇이 있는지 궁금하구나."

하바타는 개를 데리고 떠났다. 개에게 말했다.

"짖지 마라!"

거기엔 산이 있었다. 산기슭에 나무 집이 있었다. 그곳으로 갔다. 집 대문이 어마어마하게 컸다. 들어가려고 했지만 들어갈 수가 없었다. 문이 빽빽했다. 하바타는 문을 두드리기 시작했다. 한 아낙네가 문을 열었다.

하바타는 안으로 들어갔다. 아낙네가 말했다.

"앉으세요."

하바타가 보니 여인은 유카기르족도 아니고 축치족도 아니고 예벤키족도 아니었다. 누군지 알 수가 없었다. 하지만 그녀의 말을 알아들을 수가 있었다. 아낙네가 말했다.

"어디서 오셨어요?"

"숲이 있는 쪽에서 왔어요."

"왜 오셨지요?"

"땅을 둘러보려고 왔어요. 혼자 사십니까?"

아낙네가 말했다.

"아니에요. 우리는 많아요. 우리 사람들은 지금 자고 있으니 조용히 말씀하세요. 오빠는 어딘가로 나갔다가 불안에 떨면서 돌아왔어요. 가슴에 무엇인가가 박혔어요. 어떻게 해서 빼긴 했지만요. 숲 쪽에서 온 사람들은 키가 작은데 우리 사람들은 모두 키가 커요. 내가 당신의 목도리를 봤는데 어쩜 그리 아름다울 수가 있는지요! 무엇으로 만든 것인가요?"

"이 목도리는 날다람쥐 꼬리로 만든 것이오."

아낙네가 말했다.

"그 목도리를 제게 주시면 안 되나요?"

"에, 내가 부탁하는 것을 들어주면 이 목도리를 주겠소."

"무엇인데요?"

"황금을 내게 주시오."

"드릴게요. 또 한 가지 당신께 부탁할 것은 당신의 개를 달라는 거예요."

이 말에 하바타는 말했다.

"만약 금을 주면 주겠소."

"가져갈 수 있을 만큼 드리겠어요."

아낙네는 황금 세 상자를 가져와서 말했다.

"얼마나 가져가실지 직접 보세요. 가져가실 수 있다면 모두 가져가세요. 다만 다음번에 또 오시면 안 돼요. 우리 사람들이 당신을 살려 두지 않을 테니까요. 곧 사람들이 깨겠어요."

하바타는 상자를 들어 올리기 시작했다. 가장 큰 상자를 들어 올리는데 꿈쩍도 하지 않았다. 중간 크기 상자를 붙잡았다. 하지만 들어 올릴 수가 없었다. 가장 작은 상자를 들어 올렸다. 그 상자를 가져갔다.

머슴들한테로 갔다. 머슴들에게 아무 말도 하지 않고 상자를 썰매에 실었다. 그리고 이렇게 말했다.

"출발하자. 저 사람들이 우리를 잡아먹을 거다!"

이렇게 상자를 자신의 땅으로 옮겼다.

하바타는 자기 집까지 갔다. 집에 도착해서 그는 상자를 들여다보았다. 금이 가득했다.

"자, 다른 부자들과 비교할 수 있겠군!"

그렇게 하바타는 더 큰 부자가 되었다.

하바타의 가장 늙은 머슴에게는 두 명의 아들이 있었다.

작은아이는 사람들이 이해할 수가 없을 만치 이상했다. 반은 사람 같기도 하고 반은 아닌 것 같기도 했다. 사람들과 좋게 말하지 않았다. 때로 매우 영리했고 때로는 도무지 이해할 수가 없었다. 그의 형은 아버지 대신에 부자한테서 머슴살이를 하고 있었다. 아버지가 늙었기 때문이다.

작은아들이 어느 날 말했다.

“아버지, 내가 꿈에 한 사람이 말하는 것을 들었어요. 말할까요? 좀 쑥스러워서요. 아니면 그냥 간단하게 말씀드릴까요?”

그의 아버지가 말했다.

“애야, 아무도 없으니 내게 말해라. 아무한테도 전하지 않으마.”

“그 사람이 제게 이렇게 말했어요. ‘하바타는 아주 부자다. 그런데 금이 가득 든 상자가 없어졌다. 하바타는 모두에게 이렇게 공표할 것이다. 금이 없어졌다. 그 상자를 찾아온 사람에게 딸과 재산과 내 가축 떼의 반을 주겠다.’ 그런 얘기였어요.”

얼마가 지난 후 소문이 돌았다. 하바타가 돈을 잃어버렸다는 것이다! 하바타는 1년 내내 그 돈을 찾아다녔다. 샤먼에게 주문을 외고 굿을 하게 했지만 찾을 수가 없었다.

어느 날 바보 작은아들이 아버지에게 말했다.

"아버지한테 말씀드릴 게 있어요."

"자, 어서 말해라. 부끄러워하지 마라."

"아버지, 사람들은 하바타의 없어진 물건을 찾을 수가 없어요. 저는 여기서 멀리 떨어진 곳에 높은 산이 있는 것을 보았어요. 거기에 사는 한 사람한테 금이 있어요. 다만 그것을 가져오기가 힘들 뿐이에요! 저를 보내 주세요. 거기 가도 저는 괜찮을 거예요! 만약 죽게 된다면 죽을 것이고, 살아남는다면 살게 되겠죠."

"그래, 다녀와라. 그런데 누구랑 갈 거냐?"

"하바타의 아들을 짝으로 데려갈게요."

"좋다, 얘야. 조심하여라."

이후에 그 소년은 하바타한테 갔다. 하바타가 말했다.

"너는 누구냐?"

"저는 늙은 머슴의 아들입니다."

"왜 왔느냐?"

그 소년은 입구 옆에 서서 말했다.

"할아버지, 저는 말씀드릴 것이 있어서 왔어요."

"자, 무슨 말이냐?"

"언젠가 할아버지의 돈이 없어졌다고 큰 소란이 났었지요. 찾으셨나요?"

"아니, 못 찾았단다."

"저는 그 돈을 찾으려고 왔어요."

"그래, 좋다. 찾아봐라. 네가 찾아 준다면 너한테 내 딸과 재산과 가축 떼의 반을 주마."

이 말에 머슴의 아들은 말했다.

"할아버지, 저는 금이 어디에 있는지 알고 있어요. 다만 거기까지 가기가 힘들어요. 아드님을 제 짝으로 주세요. 내가 죽으면 아드님이 제가 죽었다고 말해 줄 테니까요. 길을 떠나게 음식을 좀 주세요."

그 후에 둘은 출발했다. 그들의 사슴들은 완전히 힘이 빠졌고 그들도 완전히 힘이 빠졌다.

산꼭대기 한가운데에 휴식처를 만들었다. 불도 없었고 부싯돌도 없었다. 날것을 먹었다.

이때 소년이 하바타의 아들에게 말했다.

"여기에 머물러요. 금을 가져간 사람이 가까이 있어요. 부싯돌을 가져오세요. 저기 산에 문이 보이지요."

하바타의 아들이 갔다. 문에 도착해서 당기기 시작했지만 열리지가 않았다. 돌아와서 말했다.

"문이 빽빽해서 꿈쩍도 안 해."

"정말, 그렇게 힘이 빠진 거예요? 당신이 나보다 나이도 많잖아요! 제가 직접 가야 되겠네요."

소년이 가서 문을 잡아챘다. 문을 산산조각 낸 다음 들어

갔다. 거기엔 키가 큰 사람이 있었다. 그가 말했다.

"너는 누구냐?"

"저는 사람이에요."

그와 소년은 서로 욕설을 퍼붓기 시작했다. 그 사람이 말했다.

"내게는 사람이 오지 않는다. 왜 왔느냐?"

"저는 일이 있어서 왔어요."

그와 소년은 서로 싸우기 시작했다. 소년이 무거운 무엇인가로 때리자 그 사람이 기절했다. 그 사람을 흔들자 제정신으로 돌아왔다. 그가 말했다.

"아주 오래 잤구나!"

"당신이 불쌍해서 잠깐 잠들게 했어요. 또 욕하며 싸웁시다!"

"아니다, 충분하다. 욕하지 말자."

"이제 옴짝달싹만 해도 살려 두지 않을 거예요!"

"아니 아니다. 살고 싶구나. 네 손은 너무 무겁구나. 다시는 너와 욕하지 않을 거고 싸우지도 않겠다. 너는 정말 밝은 세상의 사람인데 나는 산의 사람이다. 좋게 말하는 게 낫겠다. 왜 왔느냐?"

"저는 당신과 이야기하러 왔어요. 살고 싶으세요? 죽고 싶으세요?"

"살고 싶지. 왜 화가 난 것이냐?"

"당신이 우리 금을 훔쳐 가서 그 금을 찾으러 왔어요."

"그래, 내가 훔쳤다."

"살고 싶으면 훔친 것을 내놓으세요. 살고 싶지 않다면 내놓지 않으셔도 돼요."

"에잇, 내주겠다."

그 후에 그는 어디선가 상자를 가져와서 내주었다.

소년은 자기 짝한테 갔다. 짝은 몹시 여위어서 죽기 직전이었다. 소년은 짝에게 먹을 것을 주어 살려 냈다.

이렇게 그들은 자기 집으로 출발했다. 집에 도착해서 소년은 하바타 앞에 금 상자를 놓았다. 그 후에 하바타의 딸을 아내로 삼았고 그의 사슴 떼 절반과 재산을 얻었다.

그렇게 살기 시작했다.

마체칸

마체칸한테는 아내가 있었다. 하지만 자식이 없었다. 그는 가난한 사람이어서 사슴 몇 마리뿐이었다. 그는 항상 사람들과 동떨어져 아내와 단둘이 살았다. 그러면서 평생 아내를 구박했다. '당신이 애를 못 낳아서 우리한테는 자식이 없다'면서 특히 아내를 구박했다. 그렇게 말하면서 욕하고 아내를 때렸다. 그렇지 않으면 아내에게 음식을 주지 않았기에 아내는 항상 배를 곯았다. 하지만 마체칸은 아무짝에도 쓸모없는 사냥꾼이었고 아무것도 잡아 오지 못했다. 아내 덕분에 살고 있었다.

다른 사람들과는 1년에 한 번 왕래를 했고 사람들도 거의 그를 찾아오지 않았다. 사람들은 마체칸에게 와서 그를 심하게 나무랐다.

"마체칸, 당신은 사람들과 함께 살아야지. 혼자 살면 안 돼요. 아프거나 죽게 될 거요."

이 말에 마체칸은 아무 대답도 하지 않았다.

어느 날 그의 사슴들이 병이 났다. 죽어 가기 시작했다. 늙은 황소 단 한 마리만 남게 되었다. 이 때문에 마체칸의 생활은 견딜 수 없이 더 나빠지게 되었다. 이렇게 그는 이제 어디에도 유목할 데가 없게 되었고 타고 다닐 것도 없게 되었다.

겨울이 되었고 해가 짧아졌다. 눈 깜짝할 사이에 어두워졌다. 마체칸은 집에서 나가고 싶은 생각이 없어졌다. 그 후에 그는 단 하나뿐인 사슴을 잡았다. 아내와 함께 내장을 들어내고 가죽을 벗기고 고기를 잘랐다. 마체칸이 아내에게 말했다.

"고기를 집으로 끌고 가게. 아무것도 남기지 말고."

아내가 고기를 끌고 가는 동안 마체칸은 아내의 칼을 눈 속에 감추었다.

일을 다 끝내고 모든 것을 천막으로 가져갔다. 일을 끝내자 천막으로 들어갔다. 아내가 고기를 삶아 가져왔다. 먹기 전에 아내가 자기 칼을 찾기 시작했다. 아무 데도 없었다. '밖에 두고 왔나?' 하고 생각하고 밖으로 찾으러 나갔다. 오랫동안 찾아다니다가 눈 속에서 발견했다. 천막으로 들어가려고 했더니 출입구 덮개가 닫혀 있었다.

"어떻게 된 거예요? 문을 여세요."

"안 열 거야. 또 음식을 먹으려고? 어디로든 가서 죽어 버려. 내 앞에 꼴도 보이지 말란 말이야."

아내는 울기만 했다. 한참을 울고는 물었다.

"어디로 가란 말이에요?"

“어디로든 맘대로 가!”

“얼어 죽겠어요!”

“에잇, 살고 싶으면 어서 떠나!”

그의 아내는 울면서 툰드라를 돌아다녔다. 어둠 속에서 툰드라를 헤맸다. 울면서 밤이고 낮이고 걸어 다녔다. 어떤 때는 눈을 파헤치고 거기에 누웠다. 사람들을 찾고 싶었다. 아내의 기력이 완전히 다해 갔다. 걷고 또 걷는데 갑자기 그녀의 앞에 아주 훌륭한 천막이 서 있었다. 거기까지 걸어갔다. 주위에는 수많은 사슴 발자국들이 있었고 사람 발자국은 별로 없었다. 조심스럽게 천막으로 들어갔다. 아무도 없었다. 천막 안에는 온갖 물건이 놓여 있었다. 옷도 있었고 음식도 많았다. 아내는 조심스럽게 먹었다. 그리고 밤을 지새웠다. 그런데도 아무도 오지 않았다.

다음 날 그녀는 곰곰이 생각에 잠겼다.

‘천막의 주인이 돌아오면 나를 싫어해서 어쨌든 나를 죽이겠지.’

그녀는 천막 주위에서 시신들을 보았다.

그녀는 혼자 생각했다.

“이 사람은 사람들을 죽이는 살인자였구나. 사람들을 죽이고 그들의 물건을 모으고 그들의 사슴을 가졌구나. 나도 죽이겠지. 이 사람이 돌아와서 잠잠해졌을 때 이자를 죽이면 좋을 텐데. 어쩌면 이 사람을 이길 수 없을지도 몰라. 어쩌겠어. 아직은 아무것도 하지 말아야겠다."

이때 갑자기 발자국 소리가 울렸다. 그녀가 나가 보니, 사람이 사슴을 타고 와서 사슴들을 풀어 놓고 있었다. 그렇게 천막의 주인이 도착했다. 그가 무섭게 물었다.

"어디서 온 거요?"

"나무를 하러 갔다가 눈보라에 길을 잃었어요."

"어디로 갈 거요?"

"반대하지 않으시면 저는 여기서 며칠을 묵고 싶어요."

"차라리 결혼을 합시다. 나는 아직 결혼 전이오."

그렇게 해서 그들은 몇 달을 살았다. 그 사람은 도착하는 손님을 그 자리에서 바로 죽였다. 손님을 죽이고 그의 물건을 가졌다. 그렇게 사는 동안 아낙네는 이렇게 생각했다. '내가 이전에 한 추측이 맞았구나. 그는 그런 사람이야. 어떻게 나를 죽이지 않았을까? 그의 말이 너무 거칠어지기 시작했어!'

그 사람이 집에 없을 때 그녀는 자기의 칼을 뾰족하게 갈았다. 남편이 저녁에 돌아왔다. 잠자려고 누웠다. 남편은 보통 아주 깊게 잠들었다. 그가 그렇게 잘 때 그녀는 자기 칼로 남편의 목을 자르고 도망쳤다. 죽어 가면서 그는 너무나 요동을 쳐서 천막의 반이 뒤집혔다. 날이 새자 모든 것이 조용해졌다. 그녀가 천막으로 가 보니 천막의 반이 부서져 있었다. 천막 안은 온통 피범벅이었는데 그 사람의 피였다. 그녀는 그 사람을 툰드라로 끌고 가서 구멍에 파묻었다. 그리고 다른 곳에 천막을 세웠다. 그녀는 이렇게 생각했다. '나는 살아남을까, 아니면 또 다른 사람이 올까?'

그 아낙네는 혼자서 살고 싶지 않았다. 그녀는 이리저리 생각을 했다. '내 남편 마체칸을 찾아 나서야겠구나. 살아 있을까, 아니면 무슨 일이 생겼을까?'

여자는 음식과 옷을 썰매 세 개에 실었다. 온순한 사슴들을 잡아서 썰매에 묶고 마체칸한테 갔다. 그의 천막은 서 있었는데 연기가 나지 않았다.

약간 떨어진 곳에 사슴들을 따로 묶어 두었다. 출입구를 통해서 조심스럽게 들여다보니 남편이 누워 있었는데 옷도 없고 불도 없었다. 몹시 여위어서 곧 죽을 것 같았다. 여자는 출입구를 통해서 고기를 던졌다. 고기가 재 속으로 떨어졌다. 마체칸은 고기를 집어서 재와 그을음이 묻은 채로 먹었다. 그리고 이렇게 말했다.

"오, 신이여! 한 번만이라도 더 던져 주신다면!"

여자는 다시 한번 던졌다. 몇 번을 그렇게 했더니 마체칸은 배가 부른 것 같았다. 이때 아내가 들어갔다. 마체칸은 아주 기뻐했다. 그녀를 안고 입맞춤을 했다.

그녀는 남편에게 옷을 입히고 잘 먹였다. 남편은 점점 회복되었고 살이 쪘다. 아내는 자신이 방랑한 이야기와 어떻게 사람을 죽였는지를 들려주었다. 아낙네는 이렇게 말했다.

"둘이서 같이 가서 남아 있는 사슴과 물건을 가져옵시다. 우리 천막에서 삽시다. 거기서 산다면 안 좋을 수도 있잖아요. 죽은 사람한테 친구들이 있을 수도 있으니까요."

그 후에 그들은 함께 떠났다. 썰매에 물건을 싣고 사슴을 몰았다. 이렇게 부자가 되어 잘살게 되었다. 마체칸은 이제 아내가 시키는 것은 뭐든지 그대로 했다.

한번은 아내에게 이렇게 말했다.

"왜 당신은 그렇게 살이 쪘소?"

"왜 아니겠어요? 얼마 전까지 저는 다른 남자와 살았잖아요."

그녀는 아들을 낳았다. 아내가 말했다.

"전에 우리가 못살 때 당신은 나를 구박하고 때렸어요. 그래서 아이가 없었던 거예요."

그러자 마체칸이 말했다.

"당신이 말하는 대로 그렇게 계속 삽시다."

아내가 말했다.

"지금부터는 사람들과 함께 살아갑시다. 이제 우리는 옷도 있고 사슴도 있으니 부끄러울 것이 없잖아요."

그런 다음 그들은 유목지를 옮겼다. 그들은 사람들과 함께 살기 시작했다. 그들의 아들은 자라났다. 그들의 사슴들도 많은 새끼를 낳았다. 그들은 부자가 되어 잘살게 되었다.

욕심 사나운 아낙네

한 사람이 살았는데 그에게는 아내와 아이 한 명이 있었다. 그 사람은 이른 봄에 사냥을 다녀왔는데 눈에 병이 났다. 그렇게 해서 눈이 보이지 않게 되었다.

그런 다음 따뜻해졌고 완연한 봄이 되었다.

그가 말했다.

"여보, 따뜻해져서 눈이 녹고 있소. 당신이 나를 데려다 주오."

그의 아내는 돌아다니면서 나무뿌리를 캐다가 끓여서 가족을 먹였다. 다음 날 그들이 밖으로 나갔다. 남편이 말했다.

"오른쪽에 초원이 있을 거요. 거기를 잘 보시오. 야생 사슴들이 다니곤 하니까."

그들은 그쪽으로 갔다.

"영감, 저기에 야생 사슴이 있어요."

"멀리 있나?"

"멀지 않아요. 자, 일어나요."

그들이 일어서자 남편이 말했다.

"내 활을 주시오."

그러자 노파가 그에게 활을 주면서 말했다.

"우리 사슴들을 묶어요."

"자, 나를 데려가 주오. 내가 야생 사슴을 활로 쏠 테니까."

남편은 자기 활을 잡고 아내가 그의 손을 잡아 데려갔다.

"여보, 활이 잘 조준되었소?"

"예, 영감. 잘 조준되었어요."

남편이 활을 쏘았다. 아내가 보니 수사슴이 넘어져서 죽었다. 남편이 말했다.

"내가 죽였소? 빗나갔소?"

"빗나갔어요."

"에이, 안타깝구려!"

"영감, 나무뿌리가 많으니 여기에 집을 세웁시다."

그렇게 그곳에 집을 세웠다. 아낙네는 나무뿌리를 캤다. 그 뿌리를 삶아서 가족을 먹였다. 그 후에 남편에게 말했다.

"아이와 주무세요. 저는 나무뿌리를 캐러 갈게요."

이때 아내가 칼을 갈았다.

"여보, 무엇을 하는 거요?"

"예, 나무뿌리 캐려고 칼을 가는 거예요."

그리고 아내는 나갔다. 그녀는 남편이 잡은 사슴의 가죽을 벗기고 삶아서 먹었다. 그리고 고기 전체를 걸어서 말렸다. 머리도 말렸고 머리가 달린 가죽도 말렸다.

이렇게 고기를 먹고 집으로 갔다. 가면서 나무뿌리를 캤다. 그 후에 잠을 잤다. 아침에 일어나서 그 뿌리를 끓여서 가족을 먹였다.

“영감, 여기 오른쪽에는 나무뿌리가 많아요.”

아내는 그렇게 말한 다음 또다시 자기가 숨겨 둔 고기가 있는 곳으로 갔다.

어느 날 낮에 아내가 누워서 고기를 먹고는 저녁이 되어 집에 가려고 채비를 했다. 그녀는 작은 고기 조각을 주머니에 찔러 넣었다. 집으로 갈 때 잊지 않고 나무뿌리를 챙겼다. 아이가 집 밖으로 나왔다. 아내는 장작을 팼다. 남편은 집에 누워 있었다. 아내는 주머니에서 고기를 꺼내서 아이에게 주었다. 그리고 말했다.

“아버지한테 말하지 마!”

그렇게 아이는 고기를 먹고 잠이 들었다.

다음 날 아침에 일어나서 아내는 또 이렇게 말했다.

“나무뿌리를 찾으러 갈게요.”

또다시 고기가 있는 곳으로 가 먹기 시작했다.

남편이 낮에 집에서 아이에게 말했다.

“어머니는 어디 갔니?”

“전에 살던 우리 집에 다니러 갔어요.”

"너한테 무엇을 가져다주던?"

"아버지, 어제 고기를 가져오셨어요."

"그 고기를 어떻게 했어?"

"먹었어요."

남편이 아이에게 말했다.

"사슴을 묶을 줄을 가져오너라."

아이가 나가서 사슴을 묶을 줄을 가져왔다. 남편은 좋은 줄을 따로 놓아두었다. 그 후에 그는 삭아 버린 나쁜 줄을 모아서 아이에게 주고 말했다.

"이 줄을 저기에 놓아두어라."

남편은 단단한 밧줄을 모아서 자기 옆에 두었다. 그렇게 앉아 있는데 아내가 들어와서 앉았다.

"여보, 어디 다녀왔소?"

"나무뿌리를 찾아다녔지요."

"이런, 내가 본때를 보여 주지."

남편은 펄쩍 뛰어서 밧줄을 잡고 아내 위에 올라탔다. 그녀를 짓누르고 옷을 모두 벗겼다. 그런 다음 밧줄로 묶었다.

아내가 소리쳤다.

"영감, 풀어 주오. 나를 어떻게 하려고 그래요?"

"풀어 주지 않겠다."

그리고 아들에게 말했다.

"개미집을 찾아봐라."

아이가 밖으로 뛰어나가서 개미집을 찾아다니다가 발견했다.

"아버지, 제가 찾았어요!"

"어딘지 보여 줘라."

거기로 아내를 끌고 갔다. 그러고는 개미집 중앙에 아내를 던졌다. 그런 다음 집 안으로 들어갔다. 아내는 소리치고 울부짖었다. 남편은 아이에게 말했다.

"가서 어머니를 보고 와라."

아이가 어머니를 보러 갔다가 돌아와서 말했다.

"어머니가 누워 계세요. 개미들이 온통 어머니를 먹어치우고 있어요. 어머니가 죽었어요."

남편은 그때부터 눈이 보이게 되었다. 그런 다음 가서 보니 아내는 뼈만 남아 있었다.

"먹어라. 먹어. 꼴좋군."

남편이 아이에게 말했다.

"어떤 방향으로 어머니가 다니더냐? 그쪽으로 가자!"

그들은 거기로 가서 고기를 가지고 장인 댁으로 갔다.

"어머니는 어디 가셨니? 왜 안 왔니?"

장인 장모가 아이에게 말했다.

이 말에 남편이 말했다.

"나에게 안 좋은 짓을 했어요. 내가 잡은 고기를 혼자 몰래 먹었어요. 그래서 밧줄로 묶어서 개미들에게 먹이로 주었어요."

장인 장모가 말했다.

"그래야지. 암, 그렇게 해야지."

'늙은이'라는 별명의 할아버지 나무

옛날에 포폽카[17] 유역에 유카기르족이 살았다. 거기 한 가족에게 이런 일이 생겼다. 그들은 대가족이었다. 타이가[18]에 사냥하고 고기 잡으러 다녔고 덫을 살피곤 했다.

어느 날 그 가족의 젊은 청년이 사냥하러 갔다. 포폽카 강을 따라 위로 올라가서 짐승들의 발자국을 찾아다녔다. 그렇게 다니다가 산에 이르렀다.

강 가운데를 가는데 산에서 노랫소리가 들렸다. 그는 걸음을 멈추며 말했다.

"누가 여기서 노래를 부를 수 있단 말인가? 아무도 없지 않은가. 누가 노래를 부르는지 보러 가야겠다."

그리고 거기로 가 산 정상에서 보니 눈 위에 아가씨가 앉아서 노래를 부르고 있었다. 청년은 그녀의 노래에 화가 나서 화살과 활을 들었다. 그녀한테 쏘았다. 강 한가운데서 무엇인가가 터져 올랐다. 아가씨가 앉아 있던 눈이 위로 솟구쳐 올랐다. 그리고 아무것도 남지 않았다.

---

17) 콜리마 강의 왼쪽 지류인 포폽카 강가를 말한다.

18) 북반구의 냉대 기후 지역에 나타나는 침엽수림.

그러자 청년은 도로 돌아왔다. 집에까지 힘겹게 갔다. 집에 들어갈 수조차 없었고 밖에서 넘어졌다. 사람들이 그를 발견해서 집으로 데려갔다. 사람들이 보니 그가 숨을 거의 쉬지 않고 있었다.

그러자 샤먼들이 그를 보러 왔다. 샤먼들은 그가 나쁜 장소에 갔다 왔다는 것을 단번에 알아냈다. 대샤먼이 말했다.

"그는 악마의 딸을 하늘로 들어 올렸고 그래서 그녀가 그를 낮은 땅으로 떨어뜨린 것이오. 우리는 그녀를 다시 제자리에 돌려놓아야 하오. 우리가 여기서 나무 아가씨를 만들어서 밖에 나무에 접지합시다."

그들은 그렇게 했다. 나무 아가씨를 썰매로 싣고 갔다. 나무로 만든 아낙네를 나무 아가씨라고 불렀다. 어떤 사람들은 샤먼이라고 불렀다.

나무 아가씨를 포폽카 강 어구 다른 쪽 작은 언덕 기슭에 서 있는 나무에 접지했다. 나무 아가씨를 심은 후에 죽음의 문턱에 있던 청년은 살아났다. 그 나무는 아직도 서 있다. 그 나무 옆을 지나거나 거기로 가거나 거기서 나가는 모든 사람들은 그 나무 밑동에 무엇인가를 놓아두었다.

그 커다란 나무를 '늙은이'라는 별명을 가진 할아버지 나무라고 부른다. 주인이 있는 나무다.

미끼 사슴을 데리고 하는 사냥

옛날에 사람들은 사슴 두 마리를 길렀다. 그리고 사슴 한 마리는 주인한테 남아 있게 하고 다른 한 마리는 야생 사슴들한테로 보냈다. 그러면 사슴들한테로 간 사슴은 그 사슴들 가운데 누웠다. 그러면 야생 사슴들도 풀을 뜯다가 누웠다. 사슴 두 마리가 누워 있었는데 한 마리는 주인한테 있었던 사슴이고 또 한 마리는 야생 사슴들 가운데 있던 사슴이었다.

그렇게 누워 있다가 야생 사슴들이 일어나서 풀을 뜯기 시작했다. 사냥꾼이 살금살금 다가갔다. 활이 닿을 수 있는 거리까지 갔다. 세 마리의 사슴이 있었다. 사냥꾼은 활을 쏘았다. 사냥꾼은 사슴들을 죽이기 시작했다.

옛날 사람들은 사슴들이 아주 많거나 열 마리 정도 있으면 그 사슴들이 미끼 사슴에 익숙해졌다고 간주해서 안심을 하고 사슴들 곁에 있던 미끼 사슴의 가죽 띠를 잡아당겼다.[19] 그러면 미끼 사슴은 그 자리에서 펄쩍 하고 뛰게 된

---

19) 미끼 사슴에게 미리 가죽 띠를 목에 걸어 두고 그 띠를 잡아당긴다는 뜻이다.

다. 야생 사슴들은 놀랐다. 펄쩍 뛴 미끼 사슴은 야생 사슴들과 함께 계속 남아 있었다. 그렇게 계속 남아서 행렬을 뒤따른다. 그때 사냥꾼은 그 사슴들 뒤를 따라갔다. 야생 사슴이 줄 지어 가면 사냥꾼은 또다시 접근했다. 미끼 사슴은 야생 사슴의 꼬리 뒤를 따라간다. 그때 사냥꾼은 그들을 따라잡아서 창 모양의 활끝이 달린 활을 꺼냈다. 야생 사슴들이 계속 가게 놓아두면서 사슴들을 죽이고 바로 뒤에서 배를 찔렀다. 앞에 가는 사슴들은 이것을 눈치채지 못하고 계속 자기 길을 간다. 배가 찔린 사슴들은 뒤쳐지고 죽어 갔다. 사람은 그 사슴들을 넘어갔다. 그렇게 배를 찔러서 사슴을 모두 죽였다. 단 한 마리 맨 앞에 섰던 사슴만 남게 된다.

이렇게 해서 살아갔다. 사냥꾼은 사냥한 야생 사슴들을 사람들과 나누었다. 그때는 미끼 사슴을 가지고 사냥하는 사람이 적었다. 한두 사람뿐이었다. 재산이 없는 사람들은 그런 사람의 뒤를 쫓아서 유목을 했다. 어쩌면 무엇인가를 얻을 수 있을 것이라고 생각했다. 야생 사슴을 보면 그런 사람이 올 때까지 사슴을 겁먹지 않게 하고 있었다. 그 사람이 사슴을 만난 것을 모르고 따로 떨어져 있으면 그 사람에게 야생 사슴 떼를 만난 사실을 알렸다. 사슴들을 죽인 그 사람은 비록 혼자서 사냥했더라도 사냥한 것들을 나누었다. 그렇게 먹고 살았다. 누구라도 사냥한 것을 혼자 먹지는 않을 것이라고 말하고 늘 나누었다.

여름에는 미끼 사슴이 필요가 없었다. 가죽 띠가 둔덕의 버드나무 가지에 뒤엉켜 있었다. 겨울에만 미끼 사슴을 데리고 사냥을 했다.

키르체아나

키르체아나가 살았는데 그에게는 한 명의 아내가 있었다. 그가 사냥을 나갔다. 사냥터에 도착했는데 늑대가 왔다. 그를 보고 늑대는 얼음 구멍에 자기 꼬리를 집어넣었다. 꼬리가 얼음 구멍에 얼어붙었다. 키르체아나는 늑대를 지렛대로 때렸다. 늑대는 몸을 당겨서 꼬리를 끊어 버렸다. 그리고 도망쳤다.

키르체아나는 집으로 갔다. 가다가 길에 누워 있는 여우를 보았다. 여우가 말했다.

"여보시오! 나를 숲으로 데려가 주시오!"

키르체아나는 여우를 썰매에 태웠다. 썰매에 물고기를 실었다. 여우는 물고기를 눈에 던져 버렸다. 그 후에 여우는 눈으로 도망쳤다.

여우가 누워서 물고기를 먹었다. 그렇게 누워 있는데 스라소니 한 마리가 왔다.

"여우야, 먹을 것이 떨어졌구나. 다음에 다시 오겠다."

그래서 둘은 함께 집으로 갔다. 스라소니는 여우에게 딸을 시집보냈다. 두 번을 유숙했다. 그들의 옷은 마당에 있었고 여우는 그 옷을 모두 먹어 치워 버렸다. 그러자 스라소니가 말했다.

“너는 나쁜 사위구나. 어서 나가라!”

여우가 어쩌겠는가? 나갔다.

스라소니가 또다시 걸어갔다. 가다 보니 늑대오소리가 누워 있었다. 굶어서 거의 죽어 가고 있었다. 스라소니가 말했다.

“여보게, 함께 내 집으로 갑시다.”

둘은 함께 갔다. 스라소니는 늑대오소리에게 자기 둘째 딸을 시집보냈다. 스라소니가 말했다.

“사냥하러 가자.”

그렇게 둘이서 사냥하러 갔다. 산에 이르렀다. 거기에는 야생 사슴들이 거닐고 있었다. 스라소니가 말했다.

“어서 잡아!”

늑대오소리가 나무 위에 올라갔더니 야생 사슴들이 그에게 다가왔다. 사슴들은 풀을 뜯고 있었다. 늑대오소리가 사슴들 위로 떨어져서 이리 물어뜯고 저리 물어뜯고 했지만 죽일 수가 없었다. 스라소니가 와서 사슴들의 목을 찢었다. 한 사슴을 죽이고 스라소니는 말했다.

“여보게, 가죽을 벗기게.”

그런 다음 스라소니는 집으로 갔다. 거기서 늑대오소리를 기다렸지만 오지 않았다. 스라소니는 기다리다가 찾으러 나섰다.

이때 스라소니는 늑대오소리가 고기를 몽땅 눈에 파묻는 것을 보았다. 그리고 늑대오소리는 도망쳤다. 저녁에 늑대오소리가 오자 스라소니가 말했다.

"너는 나쁜 사위다! 잡은 사냥물을 모두 혼자서 먹으려고 했구나! 어서 나가라. 왔던 곳으로 가라. 다시는 얼씬도 하지 마라!"

토로하

한 사람이 살았는데 아내 한 명과 세 아들이 있었다. 그는 능숙한 사냥꾼이었고 사냥으로만 먹고 살았다. 그의 세 아들은 머리가 그리 영리하지 못했다. 새벽부터 항상 서로 싸움질이었다. 아버지와 어머니의 훈계를 듣지 않았다.

아들들이 자랐다. 서로 더 싸우기 시작했다. 아버지는 이를 해결할 묘안을 짜내지 못했고 아무것도 할 수가 없었다. 말을 듣지 않았기 때문이다. 아버지는 많은 생각을 했다. 그런 다음 좋게 생각하고 아들들에게 말했다.

"따로 사는 것이 좋겠다. 서로 만나지 말고 10년을 살아라. 갑자기 너희의 생각이 바뀔지도 모를 일이다. 이 세상에 사는 사람들은 모두 어느 누구든지 무슨 재주가 있어야만 한다. 나는 야생 사슴을 잡을 줄 알아서 이것으로 먹고 살고 있고 너희를 키웠다. 너희도 할 줄 아는 것을 보여 주어라."

그리고 장남에게 말했다.

"너의 재주는 무엇이냐?"

"모르겠어요, 아버지. 저는 무엇을 고치고 만드는 것을 배우고 싶어요."

장남이 말했다.

아버지가 둘째에게 말했다.

"너는?"

"모르겠어요, 아버지. 저는 사냥이 좋아요."

아버지가 막둥이에게 말했다.

"너는?"

"저는 거짓말하는 것이 너무 좋아요."

아버지가 말했다.

"자, 가라. 10년 후에 내게 오거라."

장남은 무엇을 보더라도 항상 만들어 내고 완성했다. 처음에는 안장을 만들었고, 그다음엔 썰매, 활, 화살을 만들었다. 모든 것을 아주 훌륭히 만들어서 솜씨 좋은 장인이 되었다.

둘째는 무엇을 보든지 죄다 죽였다. 사냥물을 다듬는 것을 배워서 능숙한 사냥꾼이 되었다.

막둥이는 집을 나가기 전에 어머니에게 고기가 붙어 있지 않은 사슴 어깨뼈를 달라고 했다. 그걸 가지고 막둥이는 사람들에게 갔다.

가다가 자신의 코를 때려서 피가 났다. 사슴 어깨뼈에 핏방울이 떨어졌다. 그 뼈에 눈을 묻혔다. 커다란 눈덩이가 만들어졌고 얼어붙었다.

막둥이는 저녁에 사람들이 있는 곳에 이르렀다. 그 사람들은 이미 식사를 다 마쳤다. 막둥이를 배부르게 대접하지 않았다. 그러자 소년이 말했다.

"저는 배가 부르지 않아요. 육수가 있다면 고기를 끓일 수 있을 텐데요."

주인이 말했다.

"육수가 어디에 있겠어? 먹을 음식도 없는데."

"정말 인색하시네요! 오래전부터 인색하기로 아주 유명하신 분들이죠."

주인은 아무 말도 하지 않고 있다가 이렇게 말했다.

"자, 음식이 있다면 끓여 봐라. 우리가 솥을 주겠다."

"하지만 갑자기 당신의 솥이 내 음식을 먹어 버리면요? 걱정되어서요."

"우리 솥은 먹지 않는다."

"만약 당신 솥이 먹어 버린다면 사슴 두 마리를 내세요."

사람들이 솥을 걸었다. 소년은 들고 왔던 사슴 어깨뼈를 가져와서 말했다.

"자, 보세요. 고기가 여기에 있죠!"

"자, 어서 넣어라."

그 후에 소년은 아주 많은 말을 했고 저녁 내내 대화를 이끌어 갔다. 그런 다음 말했다.

"할머니, 내 고기를 꺼내세요. 함께 먹어요."

노파가 솥을 내렸다. 나무 접시를 놓고 고기를 꺼내려고 쇠고리를 잡았다. 그리고 음식을 꺼내기 시작했다. 갑자기 노파가 소리쳤다.

"이게 무슨 일이지? 뼈만 남았구나!"

남편이 벌떡 일어났다. 가서 보니 뼈밖에 없었다. 뼈를 꺼냈다. 그러자 소년이 말했다.

"이런, 이럴 수가. 내일 사슴 두 마리를 주세요."

그래서 다음 날 아침 주인은 소년에게 사슴 두 마리를 내주었다. 그 사슴들의 고삐를 끌고 소년은 또 다른 사람들에게로 출발했다. 사람들이 있는 곳까지 이르렀다. 집주인들이 앉아서 울고 있었다.

"무슨 일이 있으세요?"

"우리 아이들이 두 명이나 죽었단다."

집주인이 말했다.

"네가 와서 잘되었구나. 선한 사람아! 우리 아이들을 매장해 주렴."

"어떻게 하면 되는데요?"

"관을 만들고 무덤을 파야 된다."

"괴로우실 테니 보지 않으시게 그 아이들을 저에게 주세요. 제 생각에는 되도록 집에서 멀리에 장사 지내는 것이 좋을 것 같아요. 제가 사슴 두 마리를 드릴 테니 아이들을 대신해서 돌보세요."

그 후에 집주인은 아내에게 말했다.

"어떻게 하겠소?"

"사슴들을 받고 줍시다. 아이들이 살아오는 것도 아니잖아요?"

소년은 말했다.

"썰매를 주시면 수레가 다니는 길로 끌고 갈게요."

소년은 썰매를 끌고 또다시 계속 갔다. 다른 사람들한테 도착했다. 썰매를 옷으로 잘 덮고는 천막 옆에 세워 놓았다.

알고 보니 소년이 도착한 집은 아이들이 많은 집이었다. 그들은 자려고 누웠다. 소년은 계속 앉아 있었다. 집주인이 말했다.

"자거라."

"걱정이 되어서요."

"무엇이 걱정이지?"

"제 아이들은 밖에서 자고 있거든요."

"추우니까 데려오너라."

"하지만 내가 아주 깊이 잠들었는데 갑자기 당신의 개들이 물어 버리면 어떻게 해요?"

"무슨 말을 하는 거냐? 추우니까 어서 데려와라."

소년은 집주인의 말을 들으려고 하지 않았다. 집주인이

말했다.

“우리 개는 사람을 물지 않는다. 우리에게는 아이들이 많기 때문이다.”

“만약 개가 아이들을 물면 다른 아이들을 주셔야 돼요.”

“좋다. 그렇게 하마.”

주인이 웃으면서 말했다.

소년은 아이들을 데려왔다. 그리고 곧 잠자리에 들었다. 사람들이 자고 있는 밤에 소년은 아이들의 몸을 칼로 찢어서 개들에게 던졌다. 그들의 목을 잘라서 머리를 개들에게 던졌다. 그 후에 바로 소리치며 울기 시작했다. 집주인이 깜짝 놀라서 잠에서 깼다. 소년이 말했다.

“제가 말했잖아요. 우리 아이들을 물어 버릴 거라고!”

보니 개들이 아이들의 머리를 갉아 먹고 있었다.

동이 텄다. 소년은 말했다.

“자, 제게 아이들을 내놓으세요.”

집주인은 결국 두 명의 아이를 내주었다.

소년은 또다시 계속 걸어갔다. 재산이 많은 부자한테 이르렀다. 아이들을 꾀어 부추기기 시작했다. 소년이 아이들 중 한 명에게 말했다.

“너를 눈 속에 숨기겠다.”

소년이 다른 아이에게 말했다.

"너는 나무에 앉히겠어. 이 부자의 사슴 절반을 가져가자."

소년은 아이들을 남겨 두고 사람들한테 갔다. 부자가 말했다.

"어디서 왔는가? 말해 보게."

소년은 그들과 이야기를 하고 인사를 나누었다. 그런 다음 잠자리에 들었다.

다음 날 아침이 되었다. 부자의 아들이 집에 사슴들을 몰고 왔다. 소년이 나가서 부자의 아들에게 말했다.

"왜 내 사슴들을 몰고 오는 거요? 반은 내 것이오."

"아니다. 모두 우리 것이다!"

그러면서 그들은 싸우기 시작했다. 부자가 나왔다.

"무슨 일이냐?"

"이 사슴들의 반은 내 것이오."

소년이 말했다.

한나절을 그들은 싸웠다. 그런 다음 소년이 말했다.

"당신은 신을 아시오?"

"알고 있다."

"어디에 살고 있소?"

"하늘에 살고 있지."

"악마를 아시오?"

"알고 있다. 땅 밑에 살고 있다."

"자, 그럼 하느님께 물어봅시다! 말해 주시오. 이 사슴들이 누구의 것입니까?"

위에서 아이가 말했다.

"사슴들의 반은 토로하의 것이다!"

그 후에 소년 토로하가 말했다.

"자, 악마여, 이 사슴들은 누구의 것인지 말해 주시오."

눈 밑에서 아이가 말했다.

"사슴들의 절반은 토로하의 것이다!"

그러자 부자는 토로하를 한 번씩 때리고는 울면서 집으로 떠났다. 소년은 그들의 사슴을 나누어서 절반을 몰고 갔다. 날이 어두워지자 소년은 자기 아이들을 데리러 갔다.

소년은 사슴들을 몰고 집으로 갔다. 집에 이르니 두 형이 있었다. 토로하에게는 두 명의 아이와 수많은 사슴이 있었다. 그는 아버지에게 자랑했다.

아버지가 말했다.

"자, 아주 잘살고 있구나!"

아버지가 장남에게 말했다.

"내 생각대로 너는 좋은 일을 배웠구나."

둘째에게 말했다.

"너는 사냥꾼이 되었구나. 내 생각대로 아주 좋구나."

토로하에게 말했다.

"내 생각대로 너는 거짓말로 부자가 되었구나. 이것은 좋지 못한 일이다. 만약 내 말을 믿는다면 네가 거짓으로 취한 모든 것을 돌려주거라."

그 후에 노인은 죽었다. 그의 아들들은 결혼했다. 토로하만 결혼할 수가 없었다. 돌아다니면서 사람들을 속이며 살았다. 그 누구도 그를 불쌍하게 여기지 않았고 사랑하지 않았다.

숙부-아버지의 아이

두 남매가 툰드라를 방랑하고 있었다. 그렇게 방랑하는데 거꾸로 쓰러진 나무 밑에서 연기가 보였다. 남매는 나무 쪽으로 다가갔다. 한 노쇠한 노파가 앉아 있었다.

"어디서 왔니? 너희는 어디로 가는 사람들이냐?"

"에, 우리는 툰드라를 방랑하면서 스스로에 대해 생각하고 있어요."

"자고 갈 테냐?"

"잘 모르겠어요."

"유숙하면서 여기서 하루를 보내어라."

아이들은 남았다. 노파는 담배쌈지 비슷한 돈주머니를 만들기 시작했다. 그 돈주머니에는 위와 아래에 구멍이 두 개 나 있었다. 아이들이 하루를 보냈을 때 노파는 큰아이에게 돈주머니를 주었다. 그리고 이렇게 말했다.

"무엇인가를 만나게 되면 이 돈주머니의 도움으로 먹고 입게 될 것이다. 입거나 먹고 싶으면 이 돈주머니의 도움으로 모든 것을 얻을 수 있을 거다. 무엇인가를 보게 되면 바로 이 돈주머니를 흔들어라."

그리고 아이들은 출발했다. 걸어가고 있는데 앞에서 뿔

달린 짐승이 나타났다. '근데, 할머니가 뭐라고 했더라?' 소년은 생각했다. 주머니에서 돈주머니를 꺼냈다. 한 번 흔들었더니 뿔 달린 짐승이 자빠져 죽어 버렸다. 다가가 봤더니 야생 사슴이었다. 가죽을 벗기기 시작했다. 벗기는 동안 날이 어두워졌다. 소년이 말했다.

"이 가죽으로 천막을 만들어야겠구나."

남매는 가죽으로 천막을 만들었다. 아침에 일어나서 오빠가 밖으로 나갔다. 그의 여동생은 사슴 고기를 말렸다. 얼마가 지나자 오빠가 돌아와 여동생에게 말했다.

"내가 뿔 달린 짐승을 많이 잡았단다. 그 짐승들을 함께 끌고 오자."

남매는 짐승들을 끌고 왔다. 점차 가죽이 천막 전체의 덮개로 충분하게 되었다. 소년은 매일 사냥을 다녔다. 수많은 야생 사슴을 죽였다.

한번은 밖에 나간 소년이 며칠 동안이나 소식이 없었다. 여동생은 기다리다가 지쳐서 찾으러 나섰다. 한 언덕의 꼭대기에 올라가서 보니 들판 한가운데에 야란가[20]가 서 있는 것이 보였다. 여동생은 자기 천막으로 달려갔다. 그러나

---

20) 유목민들이 사용하는 천막 형태의 집으로 겉은 사슴의 가죽이고 안은 털가죽으로 되어 있다.

오빠는 없었다. 잠을 잤던 곳의 땅을 파기 시작했다. 오빠의 오빠가 돌아온 길을 추적해서 그 야란가가 있는 쪽으로 팠다. 그렇게 오랫동안 땅을 팠다. 점차 그 야란가까지 이르게 되었다. 야란가의 중앙까지 뚫고 나갔다. 나가서 둘러보았더니 유카기르족의 옷은 아무것도 없었다. 추코트족의 여자 옷만 있었다. 그러자 여동생은 지체하지 않고 뒤돌아서 도망쳤다.

집에 이르러서 불을 지폈다. 찻주전자를 얹자 오빠가 돌아왔다. 여동생이 오빠에게 말했다.

"어디 갔다 왔어?"

"사슴들을 많이 죽였지."

"오빠, 이쪽에서 집을 봤어. 내일 가서 보자. 어쩌면 친구가 될 수도 있잖아."

"무엇하러 가서 보겠어?"

"아니야. 가서 보자. 틀림없이 사람들이 있는 거 같아."

"좋아. 가서 보자."

다음 날 여동생이 다시 말했다.

"오빠, 얼른 가서 보자."

오빠가 보러 나갔다. 오빠가 그쪽으로 나가자마자 여동생은 자기가 만들어 놓은 구멍으로 기어 들어가서 그 야란가 쪽으로 달려갔다. 오빠보다 더 빨리 도착했다. 그러고는 그 여자 옷을 입었다. 자기 얼굴을 숯으로 칠했다. 그리고 야란가의 주인처럼 앉아 있었다. 차와 음식을 끓여 놓았다.

오빠가 왔다. 여동생은 야란가의 여주인처럼 말했다.

"이런, 누가 오신 거지요? 당신은 어디서 오신 분입니까?"

"에, 저는 그저 툰드라를 방랑하며 생각하는 사람이오. 여동생과 함께 살고 있지요. 당신은 다른 사람들과 사십니까, 아니면 혼자 사십니까?"

"혼자 살아요. 사람들이 죽고 나 혼자 남았어요."

그런 다음 여동생은 이렇게 말했다.

"왜 둘이서 따로 사세요. 우리 집으로 오세요. 셋이서 함께 살아요."

"그건 좀…."

"지금 가실 건가요?"

"그렇소, 지금 가겠소."

"여기서 주무세요!"

"내 여동생이 기다릴 텐데요."

"괜찮아요. 주무세요!"

오빠는 생각에 잠겨서 속으로 말했다. '사냥을 나가면 며칠씩 혼자 남겨 두었잖아. 좋아. 자고 가자.'

그렇게 소년은 밤을 새우고 아침에 일어나서 돌아갈 준

비를 했다. 소년이 나가자마자 여동생은 추코트족 옷을 벗었다. 그리고 자기 옷을 입고 구멍으로 달려갔다. 오빠보다 더 빨리 도착해서 재빨리 찻주전자와 솥을 불에 올렸다.

오빠가 도착하자 여동생이 물었다.

"자, 무엇을 봤어?"

"에, 사람들이 죽어서 혼자 남은 여자를 만났어. 그 여자가 우리를 자기 집으로 오라고 했어."

"그럼 어서 빨리 거기로 가자!"

"됐어. 둘이서 살았으니 전처럼 둘이서 살자."

소년은 다음 날 일어나서 또 사냥을 나갔다. 여동생이 말했다.

"돌아오는 길에 야란가를 둘러보고 와."

오빠가 나가자마자 그녀는 구멍을 통해서 또다시 그 야란가로 갔다. 야란가 안의 모든 물건을 잘 정돈했다. 자기 옷을 숨겼다. 그러고 있는 동안 오빠가 왔다. 또다시 여동생이 '자고 가라'고 말했다.

"좋소. 자고 가겠소. 너무 피곤하다오."

오빠는 밤을 지낸 후 또다시 자기 천막으로 갔다. 자기 천막에 도착해 보니 아무것도 없었다! 여동생도 없었다! 그는 찾아다니기 시작했다. 그런데 찾을 수가 없었다. 그래서 울면서 며칠을 찾았다. 하지만 찾을 수가 없었다. 찾고 찾다가 지쳐서 그 야란가로 갔다. 전처럼 음식과 솥이 모두 준비되어 있었다.

그녀가 "마셔요!" 하고 말했지만 그는 아무것도 먹고 싶지 않았고 마시기도 싫었다.

"누군가가 내 여동생을 데려갔다오."

"무슨 말씀이세요? 흔적도 없단 말이에요?"

여동생이 시치미를 떼며 말했다.

먹지도 마시지도 않고 그는 잠자리에 들었다. 아침에 일어나서 나갔다. 또다시 여동생을 찾기 시작했다. 유숙지 주변을 몇 번을 돌았다. 넓게도 돌아보았다. 힘이 다 빠지자 그는 돌아왔다. 그가 들어오자 여동생이 말했다.

"흔적을 찾았어요?"

"아니요. 더 이상은 못 찾겠소."

시간이 흐르자 그는 그 여자와 살기 시작했다. 시간이 흘러 아이가 태어났는데 아들이었다. 아들은 하루하루 자랐다. 시간이 흐르자 밖에서 뛰놀며 새들에게 돌을 던지는 아이가 되었다.

어느 날 아이는 어머니에게 다가와서 말했다.

"엄마, 내가 새들한테 돌을 던지니까 새들이 '에이! 왜 우리한테 돌을 던지니? 아버지가 숙부인 사람이!'라고 말했어요."

어머니가 이 말에 대답했다.

"이런! 네 아버지한테는 말하지 마라!"

한번은 소년이 지팡이를 가지고 아버지를 마중하러 달려갔다. 아버지한테 뛰어가다가 새한테 지팡이를 던졌다.

"에이! 왜 나한테 던지는 거야? 아버지가 숙부인 사람이!"

이 말에 아들이 말했다.

"아버지, 새들이 나에 대해 이렇게 말해요!"

그런 다음 아버지는 자기 천막에 도착했다. 출입구 왼쪽에 누웠다. 아내가 말했다.

"왜 아무것도 먹지도 마시지도 않아요?"

"아니야. 먹고 싶지도 않고 마시고 싶지도 않아."

그 사람은 누워서 아내가 아들과 잠자려고 누웠는지 엿듣고 있었다. 그런 다음 조용히 나갔다. 예전의 유숙지에 도착했다. 쓰레기를 모두 뒤졌다. 갑자기 여동생이 자던 그 장소 밑에서 구멍을 발견했다. 그는 구멍으로 기어 들어갔다. 구멍을 따라가니 자기 집의 한가운데로 나오게 되었다. 칼을 들었다. 아내의 목과 아들의 목을 잘랐다.

"내 여동생의 악행 때문에 죽는구나."

이렇게 말하고 스스로를 찔러 죽었다.

방탕한 여자

한 사람에게 두 아내와 어머니가 있었다. 그는 아내 중 한 명을 얼마 전에 데려왔다. 그의 새 아내가 할머니에게 말했다.

"어머님, 고기가 싫증 나셨지요? 산딸기를 따러 갔다 올게요."

새 아내는 어두워져서 돌아왔는데 산딸기 세 알을 가져왔다. 새 아내는 산딸기를 찾을 수가 없었다고 말했다. 사실을 알고 보니 거기서 세 명의 남자를 만나서 즐기다가 온 것이었다.

다음 날 아침 새 아내는 남편에게 말했다.

"저쪽에 산딸기를 따러 같이 가요."

"사냥에 나가는데 왜 산딸기를 따러 가야 한단 말이오?"

아내는 계속 졸랐다.

"같이 가요. 가요. 올가미를 가져가서 사슴처럼 저를 잡아 보세요."

그 사람은 어쩔 수 없이 가야만 했다. 멀리 가게 되자 아내는 말했다.

"잠깐만, 당신 머리에서 이를 좀 잡아야겠어요."

아내는 그의 머리에서 이를 찾으면서 말했다.

"당신의 손과 발을 묶어야겠어요. 당신이 만약 힘센 사람이라면 끊을 수 있잖아요."

"왜 그렇게 한단 말이오? 나를 붙들지 마시오. 야생 사슴을 잡으러 가야겠소."

새 아내가 말했다.

"정말 잠깐이면 되는데 같이 놀아요!"

그 사람은 누웠고 아내는 그를 묶었다. 그리고 아내가 말했다.

"풀어 보세요. 올가미를 끊을 수 있겠어요?"

그러나 남자는 끊을 수가 없었고 이렇게 말했다.

"나를 풀어 줘. 끊을 수가 없어."

아내는 아니라고 풀지 않겠다고 말했다. 그런 다음 소리쳤다.

"이봐요. 어서요. 어디 계세요? 내가 묶었어요!"

남자들이 달려왔다. 그 사람들은 모두 큰 칼을 가지고 있었다. 그들은 남편을 죽이려고 했지만 할 수가 없었다. 그래서 그냥 그대로 두었다.

남편이 그렇게 누워 있는데 야생 사슴 한 마리가 다가왔다. 그가 말했다.

"나를 풀어 주렴."

"풀어 주지 않겠어요. 당신은 항상 나를 죽이려고 했잖아요."

그 후에 북극여우가 다가왔다. 그가 말했다.

"자, 어서 나를 풀어 주렴."

"나 같은 짐승들을 너무 많이 죽였잖아요."

그리고 계속 가던 길을 가 버렸다. 그런 다음 코가 뾰족한 생쥐가 왔다. 그가 말했다.

"나를 좀 풀어 주겠니?"

"오, 불쌍한 사람이군요! 그런데 제 이빨이 너무 안 좋아요. 그래도 한번 해 볼게요."

그렇게 생쥐는 올가미를 물어뜯기 시작했다. 물어뜯고 또 물어뜯고 그렇게 낮과 밤 동안 쉬지 않고 물어뜯었다. 다음 날 가까스로 올가미를 풀었다. 그는 결국 풀려났다. 집으로 갔다. 그의 어머니만 있었다. 사슴들도 재산도 새 아내가 전부 가져갔다. 어머니는 작은 움막에 혼자 남아 있었다.

남자는 그들의 흔적을 쫓아서 갔다. 새 아내는 그의 늙은 부인을 계속 때리고 머슴처럼 일하도록 부려 먹었다.

남자는 그들이 있는 곳까지 도달했다. 그들은 자고 있었다. 늙은 아내만이 자지 않고 옷을 짓고 있었다. 늙은 아내가 말했다.

"왜 오셨어요? 당신을 죽일 거예요."

"불을 피우고 불에 불집게를 달구시오."

그의 새 아내는 새로운 남자들과 자고 있었다. 그들은 바로 누워 자고 있었다. 남편은 그들한테로 조심스럽게 몰래 다가가서 불집게로 그들의 목을 비틀어 끊었다. 새 아내는 깜짝 놀라서 말했다.

"당신이 와서 정말 잘되었군요. 이 사람들이 우리를 데려온 거예요!"

남편이 말했다.

"내가 왔으니 옮겨 갑시다."

그리고 새 아내에게 이렇게 말했다.

"썰매를 몰고 가시오. 뒤처지지 말고 따라오시오."

그들은 어머니가 있는 집에 도착했다. 노인은 늙은 아내에게 말했다.

"이 여자를 목 졸라 죽이자."

남편은 밖에 커다란 모닥불을 피웠다. 늙은 아내는 새 아내의 옷을 모두 벗겼다. 새 아내는 이렇게 소리쳤다.

"죽이지 마세요. 제발 풀어 주세요. 떠날게요!"

그러나 남편은 이렇게 말하면서 그녀를 모닥불에 던졌다.

"자, 이제 그 남자들한테 가라. 가고 싶어 했으니 어서 가라."

그러자 그녀는 자리를 박차고 일어섰지만 남자가 다시

모닥불에 밀어 넣었다.

남편은 주거지를 옮기고 강가에 천막을 세웠다. 그는 계속 야생 사슴을 잡으러 다녔다. 한번은 집에 돌아와 보니 천막이 없어졌고 찻주전자 하나만 남아 있고 사람들도 없었다. 개를 풀어 놓았다. 개는 강가로 뛰어갔다. 강가에는 진피리버들이 자라고 있었다. 개는 그 진피리버들에 대고 짖고 있었다. 거기서 두 괴물이 불쑥 튀어나왔는데 손에 여자를 쥐고 있었다. 두 괴물은 뛰어가서 강을 건너갔다. 남편은 활을 쏘았다. 한 괴물을 죽였지만 다른 괴물은 도망쳤다. 그 괴물은 여자를 물에 떨어뜨렸다. 그는 아내를 꺼냈다. 노파는 찾지 못했다.

그들은 주거지를 정리해서 멀리 떠났다.

불구자

한 사람이 살고 있었다. 그에게는 아내가 있었다. 두 아들도 있었다. 그들은 바닷가 섬에서 살고 있었다.

그 사람은 매일 섬을 돌아보았다. 그렇게 살면서 조금씩 늙어 갔다.

한번은 또다시 섬을 돌아보고 돌아와서 잠시 쉬고 밖으로 소변을 보러 나갔다. 그런데 이럴 수가! 나무들이 있는 쪽에서 아이 울음소리가 들렸다. 거기로 갔다. 벌거벗은 어린애가 누워 있었다! 다가가서 아이를 들어 올렸다.

그리고 그 어린아이를 팔에 안고 집으로 뛰어왔다. 집으로 뛰어 들어가서 노파에게 말했다.

"자, 봐 봐. 내가 툰드라에서 아이를 발견했어!"

"오, 이렇게 기쁜 일이!"

노파는 소리치면서 그 어린아이한테로 달려갔다.

노파는 아이를 씻기고 먹였다.

그리고 그들은 아이를 돌보기 시작했다. 자기 자식처럼 키웠다. 그런데 아이는 매일 자라났다. 그는 점차 뛰어다니기 시작했다. 노인과 노파는 아이를 매우 사랑했다.

차차 노인은 바닷가 섬을 둘러보는 것을 멈추었다. 그렇게 늙은 것이었다. 아이하고만 시간을 보냈다.

한번은 자기 친자식들에게 말했다.

"오, 내가 영원히 살 것 같으냐? 틀림없이 나는 곧 죽게 될 것이다. 내가 죽은 후에 나무 밑에서 찾은 너희 누이에게 더 많은 재산을 나눠 주거라."

그렇게 말한 후 얼마 안 있어 죽었다. 자식들은 아버지를 장사 지내고 그를 돌보았다.

아버지를 장사 지낸 후 며칠이 지나자 그들의 어머니가 말했다.

"내가 영원히 살겠느냐? 나는 곧 죽을 것이다. 내가 죽거든 재산을 나누고 너희 누이에게 더 많이 주거라."

어머니는 며칠을 더 살고는 죽었다. 자식들은 어머니를 장사 지냈다.

그리고 그들은 재산을 나누기 시작했다. 두 몫으로 나누었다. 누이에게는 몫을 나눠 주지 않았다.

큰오빠에게 가서 그녀는 말했다.

"오빠, 내 몫은 어디에 있어요?"

"에, 나무 밑에서 떠돌던 아이야! 무슨 재산을 요구하는 거냐?"

이렇게 말하고 그는 그녀의 한 손을 부러뜨렸다. 그러자 누이는 울면서 작은오빠한테 갔다.

또다시 이렇게 말했다.

"오빠, 내 몫은 어디에 있어요?"

"오, 나무 밑에서 주운 아이야. 무슨 재산을 요구하는 거냐?"

이렇게 말하고 그는 누이의 한쪽 다리를 부러뜨렸다.

그 후 두 형제는 서로 상의를 하고 빈 천막에 여동생을 던져 버렸다. 그렇게 누이는 누워서 울고 있었다. 그리고 귀를 기울여 보니 오빠들의 목소리가 사라졌다.

누이동생에게는 수캐 한 마리가 있었다. 한번은 그녀가 개에게 말했다.

"너는 왜 먹을 것을 찾아오지 않는 거야?"

"알겠어요!"

이렇게 말하고 개는 뛰어나갔다.

개는 토끼를 산 채로 잡아 왔다. 토끼를 도시에 데려갔다. 한 집에 들어갔다. 그러자 사람들이 "개가 토끼를 잡아 왔다"고 소리치기 시작했다. 그리고 그들은 문을 닫았다.

개는 토끼를 풀어 주었다. 토끼는 집 안을 뛰어다니기 시작했다.

사람들은 개에게 배가 부를 때까지 음식을 먹였다. 그렇게 해서 개는 실컷 먹었다. 개 앞에 아주 다양한 음식을 차려 놓았다. 개는 음식을 실컷 먹는 동안 먹을 것을 사람들

몰래 몸 속으로 쑤셔 넣었다.

개가 앞발로 일어섰다. 아가리를 통해서 음식이 목까지 차도록 밀어 넣었다. 그리고 출구로 갔다. '소변을 좀 보러 가야겠다'라고 생각하고 문을 열었다.

개는 그렇게 뛰어나가서 집으로 도망쳤다. 개는 자신이 모아 온 음식을 여주인 앞에 쏟아 냈다. 불쌍한 여주인은 그 음식을 먹었다.

"오, 실컷 먹었구나!"

그녀가 말했다.

실컷 먹자 그녀의 눈이 밝아졌다.

다음 날이 되었다. 개는 또다시 누워 있었다. 아가씨는 또다시 배가 고팠다. 그러다가 또 이렇게 얘기했다.

"너는 왜 먹을 것을 찾아오지 않는 거야?"

"알겠어요!"

이렇게 말하고 개는 뛰어나갔다.

개는 진피리버들 나무 사이를 배회하고 있었다. 이때 알을 품고 있는 새를 발견했다. 지난번처럼 그 새를 잡았다. 그리고 토끼를 가져갔던 곳으로 달려갔다. 그 집에 도착했을 때 사람들이 개가 온 것을 알아챘다.

"자, 무엇을 가져왔니?"

이렇게 말하고 개에게 달려갔다.

사람들이 집으로 개를 데려가자 개는 새를 풀어 주었다. 새는 집 안을 날아다니기 시작했다.

그러자 사람들은 또다시 개에게 먹을 것을 주었다. 개는 실컷 먹고 또다시 여주인을 주려고 자기 몸속으로 음식을 몰래 넣었다. 아가리를 통해서 음식을 몽땅 목까지 차도록 밀어 넣었다.

그리고 문 쪽으로 갔다. '소변을 보러 나가야겠군'이라고 생각하고 문을 열었다. 뛰쳐나가서 자기 집으로 달려갔다.

집에 도착하자 그의 여주인은 겨우 숨을 쉬고 있었다. 그녀는 배가 고파 죽어 가고 있었다. 그렇게 오랫동안 개는 도시에서 지체했던 것이었다.

또다시 개는 여주인 앞에 음식들을 놓았다. 여주인에게 먹을 것을 주고 그녀의 입으로 밀어 넣었다. 처음 음식 조각들을 먹은 후에 숨을 돌리자 그 여자는 건강한 손으로 음식을 집어서 직접 먹기 시작했다. 그러는 사이 개는 또다시 뛰어나갔다. 여주인이 출입구 구멍을 통해서 보니 개는 작은 썰매를 끌고 오고 있었다.

출입구 옆에 작은 썰매를 세우고 개는 집으로 들어왔다. 여주인에게 말했다.

"혼자 나올 수 있겠어요?"

"아니, 어떻게 나가겠어?"

그러자 이빨로 자기 여주인의 건강한 손과 다리를 물어 그녀를 집에서 끌어냈다.

개는 숨을 돌리면서 말했다.

"작은 썰매에 혼자 앉을 수 있겠어요?"

불쌍한 여자가 말했다.

"아니. 못 할 것 같아."

그러자 개는 여주인의 건강한 팔을 붙잡아서 그녀를 썰매 위에 앉혔다. 거기엔 밧줄이 있었다.

"저를 묶어요."

개가 말하자 여주인은 밧줄을 개의 목에 묶기 시작했다.

"조심하세요. 제가 숨이 막히지 않게 잘 묶으세요!"

그렇게 여주인이 개의 목을 묶자 개는 곧장 도시로 달려갔다.

도시에 가까이 가자 개가 시끄럽게 짖으며 난동을 부리기 시작했다. 도시의 주민들이 깜짝 놀랐다. 이럴 수가! 개가 부러진 다리와 팔을 가진 아가씨를 끌고 오는 것이 아닌가! 사람들이 달려갔다. 그리고 처녀를 치료하려고 데려갔다. 개도 함께 데려갔다.

처녀는 하루가 다르게 좋아지기 시작했다. 일어서서 걸어 다니고 팔이 아물기 시작했다. 점차 처녀는 거리를 걸어 다니기 시작했다. 거리를 다니면서 집 사이를 걸어 다니는 사람들의 뒤를 쫓았다. 이럴 수가 있는가! 사람들 사이에 큰오빠가 있는 것이 아닌가. 처녀는 오빠에게 한마디도 하지 않았다.

다음 날 처녀는 또다시 거리를 걸어 다녔다. 또 사람들을 쳐다보았다. 갑자기 작은오빠가 오는 것이 보였다.

그 처녀의 건강은 시간이 지나자 회복되었다. 세월이 흘러 이 불구자는 마을 책임자가 되었다. 마을 책임자가 된 후 그녀는 큰오빠를 나무꾼으로 만들었다. 작은오빠는 물지게꾼을 하라고 했다.

테베게이

한 사람이 살았다. 그의 이름은 테베게이였다. 그에게는 네 자녀와 아내가 있었다. 이웃에는 한 노인이 살고 있었다. 노인은 아내가 있었다. 그의 아내는 장님이었다.

어느 날 테베게이가 집에 장작을 가져가고 있었다. 이때 노인이 와서 이렇게 말했다.

"여보게 테베게이, 자네는 어떻게 장작을 패나?"

"내 도끼가 알아서 패요."

"그럼 나도 그렇게 패야겠군."

그리고 노인은 집으로 가서 나무에 자기 도끼를 찔러 넣었다. 아침에 일어나 보니 도끼가 여전히 나무에 박혀 있었다. 그러자 노인은 테베게이를 죽이러 갔다.

노인이 왔을 때 테베게이는 칼로 자기 아내를 찌른 척했다.

"이렇게 해서 내 아내의 눈이 나았어요."

노인은 서서 그것을 보고 있었다.

"내 아내는 장님인데. 나도 마누라의 눈을 저렇게 해 봐야겠군."

그런 다음 노인은 집으로 가서 아내를 묶었다. 그리고 도끼로 쳤다. 도끼로 쳐서 아내를 죽이고야 말았다. 그러자 노인은 말했다.

"이럴 수가. 내가 아내를 죽이고야 말았구나. 테베게이를 죽여야겠다."

그리고 노인은 테베게이한테로 갔다. 이때 테베게이는 솥에 고기를 넣고 있었다. 그 위에 눈을 덮었다. 눈이 녹자 고기가 드러났다. 노인은 서서 이것을 보고 있었다. 노인은 눈이 녹아 고기가 된 것으로 생각했다.

"나도 가서 그렇게 고기를 삶아야겠군."

노인은 집으로 가서 자기 솥에 눈을 넣었다. 눈이 녹았지만 아무것도 없었다.

노인이 말했다.

"이런, 또 속았군. 테베게이를 죽이고야 말겠다!"

노인은 테베게이한테 가서 물었다.

"여보게 테베게이, 자네는 어떻게 죽고 싶은가?"

"저를 자루에 넣으세요. 호수에 얼음 구멍을 내서 그 구멍에 저를 던지세요."

노인은 테베게이를 자루에 넣었다. 그렇게 자루를 메고 호수에 이르렀다. 얼음 구멍을 뚫었다. 테베게이가 노인에게 말했다.

"아이고, 내 칼을 잊어버렸어요. 칼 좀 가져다주세요."

노인은 칼을 가지러 갔다.

테베게이가 그렇게 누워 있는데 사슴을 타고 예벤족 사람들이 오는 것이 보였다. 그들이 옆으로 지나가고 있었다. 한 노파가 걸어서 다가왔다. 테베게이가 말했다.

"할머니, 저를 풀어 주세요. 저는 눈을 고치고 있었어요."

그러자 노파가 그를 풀어 주었다. 그는 자루에서 나오게 되자 노파를 자루 속에 넣었다. 그런 다음 도망쳤다.

노인이 도착했다.

"테베게이, 자, 자네 칼집과 칼이네."

이 말에 노파가 말했다.

"나는 테베게이가 아니에요."

그러자 노인이 말했다.

"테베게이, 이놈 테베게이. 거짓말하지 마라."

노인은 노파를 물에 던져 버리고 집으로 갔다.

이틀이 흐른 뒤에 테베게이는 노인에게 갔다. 그러자 노인이 말했다.

"테베게이, 어떻게 된 것이냐? 나는 자네를 물속에 던졌는데."

테베게이가 말했다.

"거기에 노인의 아내가 살고 있더라고요. 저는 아주 좋은 곳을 다녔어요. 내 아이들에게 음식도 가져왔어요."

그러자 노인이 말했다.

"여보게 테베게이, 나를 거기로 좀 데려다주게!"

테베게이는 노인을 거기로 데려가서 물속에 던졌다. 노인은 완전히 죽었다.

얼음 구멍 속의 아낙네

한 노인이 살았는데 그에게는 아내가 있었다. 노인은 계속 어디론가 사라지곤 했다.

어느 날 노인이 돌아왔을 때 노파가 물었다.

"당신 어디 갔었어요?"

"에, 그냥 돌아다녔소."

그리고 노인은 아침에 또다시 나갔다. 노파가 보니 그의 자루가 없었다. 노파는 너무 놀라 그의 흔적을 따라 나갔다. 노인의 뒤를 따라서 강 쪽으로 내려갔다. 거기서 몰래 훔쳐보니 노인이 얼음을 깨고 있었다. 그러더니 엎드려서 구멍을 들여다보았다. 그리고 자기 머리카락을 쓰다듬었다. 노파는 집으로 돌아왔다.

저녁에 노인이 돌아왔다. 노파가 그에게 밥을 주었다. 그는 노파와 말을 하지 않았다.

아침에 노인이 일어났다. 자기 자루를 얽어맸다. 허리에 커다란 칼을 찔러 넣었다. 그런 다음 자루를 들고 나갔다.

"여보, 어디 가는 거예요?"

"부인, 내 얼음 구멍에 아주 아름다운 아낙네가 보인다오. 그래서 거기에 가는 거요."

"무슨 아낙네요?"

그러자 노인은 나갔다. 노파는 혼자 남게 되었다. 저녁에 노인은 돌아오지 않았다. 아침에 일어나서 노파는 그의 발자국을 따라 나갔다. 강에까지 이르렀다. 노인은 얼음 구멍 옆에 없었다. 노파는 얼음 구멍으로 내려갔다. 거기서 보니 노인이 얼음 구멍에 빠져서 강바닥에 누워 있었다. 그의 자루는 노인 옆에 나란히 놓여 있었다. 그의 큰 칼도 노인 옆에 나란히 놓여 있었다. 노인은 얼음 구멍에 빠져 버린 것이었다. 자신이 비친 모습을 보다가 그 사람이 아낙네인 줄 알고 빠져 들어간 것이었다. 그렇게 노인은 죽었다.

로시야, 로시야, 긴, 긴, 긴

세 형제가 살고 있었는데 모두 결혼한 처지였다. 큰형의 이름은 롭초, 둘째의 이름은 로시야, 막둥이의 이름은 긴이었다. 롭초에게는 네 명의 아이들이 있었고 로시야에게는 세 명의 아이들이 있었고 긴에게는 두 명의 아이가 있었다.

저녁에 식사를 마친 후 형제 중 한 명이 말했다.

"누가 가장 노래를 잘하는지 노래를 불러 보자."

롭초에게 말했다.

"먼저 네가 불러 봐라!"

롭초가 노래를 시작했다.

롭초, 롭초, 롭초,
너는 노래를 잘하는구나!

로시야에게 말했다.

"네가 불러 봐라!"

로시야가 노래를 부르기 시작했다.

로시야, 로시야,

긴, 긴, 긴!

긴에게 말했다.

"네가 불러 봐라!"

그러자 긴이 노래를 부르기 시작했다.

구멍 뚫린 배를 가져오시오,
구멍 뚫린 배를 가져오시오.
구멍 뚫린 나뭇가지를 가져오시오!

"노래 참 좋구나! 이것은 나쁜 노래잖아."

형들이 비웃었다.

그러자 긴이 말했다.

"내가 졌으니 나가야겠군요."

그리고 긴은 나가서 별을 보았다.

"오, 코랴크인들이 우리를 포위했구나."

그는 돌아와서 형들에게 그 사실을 알렸다. 그들은 창과 큰 칼을 들었다. 강변으로 달려갔다. 배에 구멍을 뚫고 바위 위에 앉았다. 온 힘을 다해서 배를 젓기 시작했다.

새벽까지 배를 저었다. 날이 밝아 오자 별들이 사라졌고 그들은 강의 상류까지 이르렀다. 형제들은 강변으로 올라갔는데 거기엔 러시아인의 집이 한 채 있었다. 그들은 그 집을 향해 활을 쏘기 시작했다. 활을 쏘는데 집 안에서 째지는 소리가 들렸다.

집 안으로 들어갔다. 롭초가 말했다.

"내 아내의 앞치마가 놓여 있어."

로시야가 말했다.

"내 아내의 바늘쌈지가 놓여 있어."

긴이 말했다.

"내 아내의 도마가 놓여 있어."

그들이 침상으로 갔더니 침상에는 그들의 아내와 아이들이 죽은 채로 누워 있었다.

그들은 막둥이가 자신들을 속였다고 막둥이 긴을 죽였다. 그리고 형제 중 한 명이 말했다.

"왜 우리가 막둥이를 죽였을까? 너 때문에 막둥이를 죽였구나."

로시야가 형에게 말했다. 그러면서 서로 싸우기 시작했다. 계속 싸우다가 서로의 눈을 손가락으로 찔렀고 그래서 둘 다 죽었다.

부르는 주문[21)]

주문의 말을 할 줄 아는 사람들만 주문으로 동물들을 부를 수가 있다. 그렇게 주문으로 잃어버린 사슴들을 불러들였다. 옛날에는 사람도 시합을 하기 위해 그렇게 불러들였다. 사람이 죽거나 물에 빠지거나 위험할 때는 부르지 않았다. 겨울에 멀리 사는 사람이 길에서 밤을 샐 때는 얼어 죽거나 무슨 일을 당할까봐 두려워했다. 당신의 아버지도 그렇게 몇 번씩 사람들을 불러들였다.[22)]

그렇게 사람을 부를 때는 사슴이 나갔던 쪽에 이끼가 든 물을 밖에다 놓아두었다. 그 이끼와 물은 솥에 넣어 두었다. 그런 다음 우두머리 사슴들의 굴레로 쇠고랑의 머리 부분을 휘감았다. 그리고 물과 이끼를 잘 이기면서 주문을 윈다. 쇠고랑의 손잡이를 소매 속에 들이밀어서 윗도리 안소매에 넣은 다음 또 다시 주문을 말한다. 주문을 말하면서 물과 이끼

---

21) 옛날에 멀리 떨어진 사람이나 동물들을 주문을 통해서 불렀다. 이 이야기는 그런 주문에 대한 것이다.

22) 이 이야기를 듣는 사람의 아버지도 사람들을 그렇게 불러들였다고 말하고 있다.

를 잘 섞는다. 사슴에게 별명이 있으면 그 별명을 부른다.

그러면 아무리 사슴들이 많아도 별명을 부른 사슴이 앞서 온다. 앞서 오는 사슴이 나머지 사슴들을 모두 끌고 오게 된다. 오고 있는 사슴들을 보면 앞서 오는 사슴이 뒤를 살피면서 오게 된다. 아침 일찍 오게 된다.

옛날에 우리에게는 타고 다니는 사슴들이 없었고 유목을 할 수가 없었기에 다른 사람들의 사슴들을 주문으로 불러 들였다. 타고 다닐 수 있는 다섯 마리의 늙은 사슴들이 그렇게 주문으로 왔다. 쿠틀리찬의 아버지에게는 멘티켄댜라는 사슴이 있었고 나는 그 사슴을 주문으로 불러들였다. 그렇게 해서 우리에게 온 사슴들은 발굽이 아팠을 정도로 멀리서 온 사슴들이었다.

우리는 주문으로 사슴들을 저녁에 불러들였다. 주문에 의해 불려온 사슴들의 아가리에 먹이를 부었다.

사람들을 부를 때는 보통 주문으로 부르지 않았다. 왜 부르지 않았는지 이상하다. 주문의 말을 다른 사람에게 전해주면 효과가 없어졌다. 다른 사람이 자신의 주문을 알게 되면 불러들이려는 사슴이 오지 않았다.

사람은 음식으로 불러들였다. 능력이 없는 사람은 불러들일 수 없었다. 주문을 말하는 사람의 그런 말들은 마술의 힘을 가진 말이었다.

해 설

유카기르족의 설화

이 책에 소개되는 유카기르족의 설화는 총 32편이다. 대부분이 민담으로, 마법담과 일상담, 동물담이 주를 이룬다.

민담 중에서는 마법담이 가장 많다. '외로운 청년', '개의 수호신들', '솥단지 비슷한 썰매를 타고 다니는 사람들', '라마도', '도르부', '아낙네', '도부레', '구슬 턱수염 노인', '욕심 사나운 노인', '부르는 주문' 등이 이 장르에 속한다. 마법담의 주된 내용은 '솥단지 비슷한 썰매를 타고 다니는 사람들'에서처럼 주인공이 마법을 부려 괴물이나 식인 괴물을 물리치거나, '외로운 청년'이나 '도르부'에서처럼 마법을 부리는 괴물이나 반인반수를 평범한 주인공이 지략이나 용맹함으로 물리치는 내용이다. 또는 '욕심 사나운 노인'이나 '라마도' 등의 설화에서 나타나듯이, 아이들이나 허약했던 주인공이 우연히 만난 은인으로부터 마법의 힘을 얻어 괴물이나 나쁜 사람을 물리치고 부나 행복을 찾는다는 줄거리다.

교훈담으로 분류할 수 있는 설화는 '땅의 주인'이고, 영웅담으로는 '하바타'를 꼽을 수 있다. '땅의 주인'은 욕심을 부리던 부자가 지신(地神)에게 오히려 죽임을 당하는 내용으로 탐심에 대한 경고를 담은 설화다. '하바타'는 작품 제목인 하바타라는 사람이 주인공이 아니고 오히려 그의 머슴 아들이 주인공인 설화다. 바보였던 하바타의 머슴 아들은 하바타의 금괴를 찾아 주고 그의 딸과 결혼해서 행복을 얻는다.

일상담은 마법담 다음으로 많은 수를 차지한다. '마체칸', '욕심 사나운 아낙네', '미끼 사슴을 데리고 하는 사냥', '토로하', '숙부-아버지의 아이', '방탕한 여자', '불구자', '테베게이', '얼음 구멍 속의 아낙네', '로시야, 로시야, 긴, 긴, 긴' 등이다. 이런 설화들은 대부분 탐심에 대한 경계, 부모나 형제에 대한 복수, 어리석음에 대한 경고, 아이나 불구자의 지혜 등을 다룬 내용이 많다. '얼음 구멍 속의 아낙네'라는 설화는 한국의 '처음 거울 보는 사람'과 내용이 아주 흡사해서 자기애에 빠진 사람의 어리석음을 꼬집고 있다.

동물담으로 분류할 수 있는 설화는 '북극여우와 곰', '토끼의 꼬리가 없어진 이유', '셈테네이 노인', '토끼', '여우 이야기', '야생 북극암사슴', '옛사람들의 소녀', '스라소니가 토끼를 잡아먹는 이유', '키르체아나' 등이다. 동물담은 주로 동물들 간의 지략 다툼을 다룬 것이거나, 동물이 꾀로 사람들을 혼내 주는 내용이거나, 동물들의 생김새나 성향 등이 형성된 연유에 대한 동물유래담들이다.

이런 민담들 외에 "늙은이'라는 별명의 할아버지 나무'라는 유물전설 한 편이 포함되어 있는데 눈 위의 처녀를 보고 활을 잘못 쏘고 난 후 사경을 헤매게 된 청년을 고치는 데 사용된 나무에 대한 전설이다.

유카기르족의 역사

유카기르족의 기원은 BC 2000~1000년 전으로 거슬러 올라간다. 유카기르족은 타이미르 반도에서 추콧카 반도에 걸쳐 고대 문화를 형성했던 고대인들의 직접적인 후손이다. 그래서 유카기르족은 시베리아 북극 지역에서 가장 역사가 오래된 민족으로 알려져 있다. 17세기 전반기에 러시아인이 처음으로 야쿠트 지역에 나타났을 때까지만 해도 유카기르족은 동서로는 아나디르 강 유역에서 레나 강 하류까지, 남북으로는 야나 강, 인디기르카 강, 콜리마 강 상류에서 북빙양 연안에 이르는 드넓은 공간을 차지하고 있었다. 인구도 약 5000명에 달했고 열두 개 부족으로 구성되어 있었다. 열두 개 부족 가운데 오모크(Омок) 부족이 가장 강성했기에 유카기르족을 오모크족이라고 부르기도 했다.

그러나 러시아 제국이 과도하게 공물을 부과하고 카자크 부대에서 수송병으로 복무하는 의무를 부과하자 여러 유카기르 부족들이 살던 곳을 떠나 이동하다가 타민족에 흡수되었다. 그래서 유카기르족의 분포 영역은 눈에 띄게 축소되었고 인구 또한 감소했다. 또한 예벤족, 야쿠트족, 축치족, 코랴크족 등이 유카기르족의 전통 산업 지역에 유입되면서 이런 민족들과의 계속된 전쟁으로 큰 인명 손실을 입게 된다. 게다가 러시아인과 함께 퍼져 나간 천연두 등 전염병이 만연하면서 유카기르족의 수는 크게 감소했고 그 세력이 약화되었다. 그 후 소비에트 시대의 집단화 정책도 유카기르족의 인구 변화에 부정적인 영향을 주었다. 그래서 유카기르족은 500명도 채 남지 않을 정도로 거의 절멸 상태에 이르게 되며, 유카기르족의 전통 문화와 언어도 소멸 직전의 상태에 놓이게 되었다.

현재 유카기르족 인구는 약 1600명이며, 타이가 지역에 주로 거주하는 타이가 유카기르족과 툰드라 지역에 주로 거주하는 툰드라 유카기르족으로 구분된다.

유카기르족의 명칭과 유카기르어

'유카기르'라는 민족 명칭의 기원은 명확하지 않은데, 일반적으로 '얼음 사람' 또는 '꽁꽁 언 사람'이라는 의미의 퉁구스어 '듀케 기르(Дюкэ гир)'에서 유래했다는 설이 지배적이다. 타이가 유카기르족은 자신을 오둘(Одул)이라 부르며, 툰드라 유카기르족은 자신을 바둘(Вадул)이라고 부른다. 오둘과 바둘은 모두 유카기르어로 '힘센, 강한'이라는 뜻이다. 오둘(타이가 유카기르족)의 전통 산업은 어로와 사냥이며, 과거에는 개 이외에 다른 가축은 사육하지 않았다. 바둘(툰드라 유카기르족)의 전통 산업은 순록 사육, 사냥 그리고 어로다.

이 두 유카기르족의 거주 영역 사이에는 예벤인이 분포되어 있다. 타이가 유카기르족은 사하 공화국 내 콜리마 강 상류와 중류, 마가단 주 내 칸(Кан) 강 중류에 거주하며, 툰드라 유카기르족은 콜리마 강 하류 그리고 추콧카 자치구의 오몰론(Омолон), 아뉴이스크(Анюйск) 마을에 주로 거주하고 있다.

유카기르어는 우랄어족(語族) 내 고립적인 유카기르-추반어(語) 그룹으로 분류하거나 고아시아어의 하나로 본다. 현재 유카기르어는 장년, 노년층의 일상생활 언어로만 유지되고 있으며, 언어 구사자 수가 지속적으로 감소하여

유네스코 분류 기준에 따르면 절멸 상태 언어로 분류되어 있다. 게다가 유카기르어의 오둘 방언과 바둘 방언은 서로 이해가 되지 않을 정도로 차이가 심하며, 특히 오둘 방언은 구사자 수가 수십 명 정도에 지나지 않을 정도로 심각한 위기 상황이다.

유카기르족의 전통 의식주

유카기르족의 전통 의상에서 특징적인 것은 카프탄의 등판 허리 아래 안쪽으로 두 개의 주름을 만드는 것이었다. 이 모양이 자고새의 꼬리를 닮아 이웃 민족들은 유카기르족을 '자고새 꼬리를 단 사람들'이라고 부르기도 했다.

유카기르족의 주식은 큰사슴과 순록의 고기 그리고 물고기였다. 순록의 고기는 보통 삶아 먹었고, 겨울에는 꽁꽁 언 순록의 고기를 얇게 도려내 날것으로 먹었다. 물고기는 여름에는 보통 소금을 넣지 않고 삶아 먹었으며, 버드나무 잎사귀로 감싸 하루 동안 따뜻한 곳에 두어 약간 삭힌 뒤 삶아 먹기도 했다. 겨울에는 언 물고기의 살을 얇게 도려내 날것으로 먹었다. 방금 잡은 순록의 피로는 수프를 만들고, 순록의 뼈에서는 지방을 우려내 먹었다. 타이가 유카기르는 토끼와 자고새를 사냥해 고기를 먹었고, 툰드라 유카기르는 여름과 가을에 오리와 거위를 잡아먹었다. 거위와 백조의 위장은 날것으로 먹기도 했다.

고대 유카기르족이 정주 생활을 할 때는 '찬달'(Чандал)이라 불린 주거를 사용했는데, 주변 민족이 세 개의 기둥으로 천막집을 세우는 것과 달리 네 개의 기둥으로 세운 피라미드형으로 꼭대기는 평평하게 만들었다고 한다. 17세기 이후 타이가 유카기르족은 순록 유목 생활로 전환하게 되면서 이동식 가옥이 필요해지자, 예벤족의 이동식 천막인 '춤'과 비슷한 원뿔형 춤을 사용하게 되었다. 타이가 유카기르족은 겨울에는 반지하 통나무집에서 지냈는데, 벽에 창을 내고 물고기 부레 또는 얼음을 덮어 채광이 되도록 했다. 그리고 입구 오른쪽 구석에 화덕이나 난로 또는 진흙으로 만든 벽난로를 설치했고, 연통은 나뭇가지를 엮고 진흙을 발라서 만들었다. 툰드라 유카기르족은 유목 생활을 했으므로 축치인과 코랴크인의 춤과 유사한 원통-원뿔형 춤을 사용했다. 춤은 여자들이 세웠고, 남자들은 재료를 마련하고 바닥에 깔기 위한 통나무를 구하고 화덕을 만들었다.

유카기르족의 전통 산업

유카기르족은 주로 어로와 야생동물 사냥에 종사했다. 겨울에는 사냥과 어로를 통해 비축해 둔 식량을 먹으며 정주 생활을 했고, 식량이 다 떨어져 가는 2월부터 늦가을까지는 이동 생활을 하면서 사냥과 어로를 했다.

사냥 외에 어로는 유카기르족의 생활에 커다란 역할을 했다. 봄에 강이 녹으면 낚시로 물고기를 잡았으며, 여름에는 강과 호수에 그물을 쳐 물고기를 잡아 일부를 반건조시켜 보관해 두고 먹었고, 연어와 송어의 이동이 시작되면 그물이나 버드나무 가지로 만든 울타리를 설치해 잡았다. 10~11월에는 동물의 털로 만든 그물을 얼음 구멍에 집어넣어 다른 구멍에서 빼내는 방식으로 물고기를 잡았다.

유카기르족은 또한 야생 순록 사냥을 중시했다. 전통적인 야생 순록 사냥법은 아주 단순했다. 야생 순록이 더위와 곤충을 피해 물가로 모여들기를 기다렸다가 물속에서 동작이 둔해진 순록을 사냥하는 것이다. 유카기르족은 17세기부터 예벤족으로부터 순록 유목을 받아들였는데, 타이가 유카기르족의 생활 방식도 순록 유목을 주로 했던 예벤족과 유사했다. 유카기르족은 예벤족과 마찬가지로 순록을 주로 교통수단으로 사육했기에 순록의 수는 보통 2~3마리에서 10~20마리로 많지 않았으며, 사육하는 순록을 잡아 고기를 먹는 일은 극히 드물었다. 그 때문에 순록을 사육하기 시작한 이후에도 야생 순록 사냥은 식량 확보를 위해 중요한 일이었다. 그래서 야생 순록들이 풀을 뜯는 곳을 보호하기 위해 순록 사육 구역을 엄격히 제한했다. 또한 야생 순록 이동 지역에는 사람 냄새가 나지 않도록 사냥철이 시작될 때까지는 그곳에 드나들지 않았으며, 야생 순록 개체 보존을 위해 8월 초 야생 순록들이 출산을 마칠 때까지는 사냥을 하지 않았다.

유카기르족의 관습과 종교

유카기르족의 전통 관례는 많은 면에서 주변 민족과 유사했다. 족외혼 제도나 피의 복수 관습, 사냥물 분배에 관한 니마트(Нимат) 관습은 이웃한 퉁구스계 민족들이나 야쿠트족, 축치족의 관습과 흡사한 부분이 많다. 니마트라는 풍습은 북(北)퉁구스계 민족 중 유목민(예벤족이나 유카기르족 등)에게 널리 퍼져 있는, 사냥한 노획물을 나누고 또 답례하는 풍습이다. 유목민들은 기후나 그날그날의 운세 등에 따라서 사냥에서 동물을 잡아 오지 못하는 날도 있었다. 그래서 사냥을 성공적으로 마치고 포획물을 가지고 귀환한 사냥꾼은 그 노획물을 자신이 속한 유목민 그룹과 꼭 나누었다. 그렇게 함으로써 유목민 그룹 내의 유대감과 단합을 공고히 하고 자신이 포획물을 잡지 못했을 때를 대비할 수 있었다.

동물 중에서 곰과 순록 사냥에는 특별한 의례가 동반되었다. 유카기르족은 곰을 반인반수 또는 친척이라 여겼으며, '할아버지'라고 불렀다. 툰드라 유카기르족은 곰 사냥을 하지 않았고, 타이가 유카기르족만 곰을 사냥했다. 곰을 사냥하면 나이 든 사냥꾼들이 동물 수호신의 복수를 피하는 의미의 의례를 행했다.

유카기르족은 샤머니즘을 믿었는데, 샤먼의 기본적인 역할이 질병 치료, 사냥 성공의 기원, 불임 치료, 일기 변화 등이라는 점에서 이웃한 퉁구스인이나 야쿠트인의 샤머니즘과 크게 다르지 않았다. 또한 씨족마다 샤먼이 있었고, 집집마다 북이 있었다는 점은 축치인 등 고아시아 민족과 유사했다.

다만, 유카기르족 샤먼의 무복은 일반 노인 복장과 크게 다르지 않고 특별한 장식이 없었다. 또 다른 민족 샤머니즘에서 북을 하늘을 날거나 강을 건너는 교통수단으로 여겼던 것과 달리, 유카기르족의 샤머니즘에서는 북을 샤먼이 잠수하여 지하세계로 들어가는 통로인 호수라고 여겼다. 유카기르족이 믿는 샤머니즘의 가장 큰 특징으로 들 수 있는 것은 샤먼이 죽으면 그 시신을 분해하여 부적을 만들어 친척들끼리 나누어 가졌다는 점이었다. 특히 샤먼의 두개골은 가장 중요한 성물로 여겼다.

이 책에 실린 유카기르족 설화 한 편 한 편이 독자들을 유카기르족의 삶과 문화를 이해하는 길로 이끄는 징검다리가 되길 기대해 본다.

옮긴이에 대해

김은희는 한국외국어대학교 노어과와 동 대학원을 졸업하고 모스크바 국립대학교에서 알렉산드르 솔제니친에 대한 연구로 러시아 문학박사 학위를 취득했다. 현재 한국외국어대학교에 출강 중이며, 러시아 문화와 문학에 대한 글들을 발표하고 있다.

저서로는 ≪그림으로 읽는 러시아≫(이담북스, 2014), ≪러시아 명화 속 문학을 말하다≫(이담북스, 2010), 공저로 ≪나는 현대 러시아 작가다≫(경희대 출판사, 2012), ≪내가 사랑한 세상의 모든 음식≫(이숲, 2010) 등이 있으며, 역서로는 ≪현대 러시아문학과 포스트모더니즘≫ 제1권, 제2권(아카넷, 2014), ≪북아시아 설화집 1(부랴트족)≫(이담북스, 2015), ≪겨울 떡갈나무≫(한겨레아이들, 2013), ≪금발의 장모≫(지만지, 2013), ≪나기빈 단편집≫(지만지, 2009) 등이 있다. 또한 주요 논문으로는 <<에고>에 나타난 서술형식과 솔제니친의 역사인식>, <≪소네츠카≫의 서사구조와 고전의 귀환> 등이 있다.

시베리아 설화집 전체 작품 목록

한국에 처음 소개되는 시베리아 설화다. 시베리아와 극동 제 민족의 설화를 연구하는 연구자들뿐만 아니라 평소에 시베리아의 신화, 전설, 민담에 관심을 가진 독자들에게 유용할 것이다. 총 43개 부족의 1017편 이야기다.

야쿠트인 이야기

곰과 여우
오리와 검독수리
누가 일출을 처음으로 보는가
수말과 황소
차아차하안 차아차하안
타알 타알 노파
리이바라
니이이 니이이 할멈
춥챠요쿄욘 춥챠요쿄욘
다섯 마리 암소를 가진 베이베리케옌 할멈
슬라브니 유데유이옌
자야치 흐보스트
테옐레이 할멈
늑대와 노인
영리한 개
오노고스토온 추오카안과 올로온 돌로온
가난한 농부
암소 세 마리와 아내 셋을 가진 노인 테예프 테예프
영리한 처녀
투툼 튜요케이
고대 용사와 전투에 대한 이야기

예벤키인 이야기

빼꾸기
백조와 까마귀
멧닭과 백조
곰과 붕어
여우와 모캐
여우 훌랸
은혜 갚은 곰
토끼 자매
식테흐 신겔툰
개가 털옷을 입게 된 사연
자작나무에서 태어난 소녀
지하세계에 간 남자 1
지하세계에 간 남자 2
차르치칸
천상세계에 갔다 온 남자
토끼를 속인 할아버지
소년과 까마귀
백조에게 아들을 빼앗긴 아버지
똥에 빠져 죽은 할아버지 할머니
예벤키 남자와 뱀
치나나이
아카라모와 이불 형제
슬기로운 청년
두 형제
모험을 찾아 떠난 청년
비켈리디운
료하
움나
우차나이
헤누키찬
불화의 언덕
예벤키 사람들이 순록을 키우게 된 이유
세 형제 무사
어린 무사
우냔니와 코렌도
옙카찬
무춘노이와 보르콜툰 형제
식토불
나라불
누르고불
누르가울
초로
소두 소르돈초 솔다니
킬리디나칸
중간세계의 우무스닌댠
차갈라이 차쿨라이
무사 볼론투르
하니 후분과 호호르 보그도
온기닐
우리얀과 몰리나
오란
디긴
어느 노부부의 오만방자한 아들
난쟁이 무사
캅탄디르
만기 도롬고
유라키 사람들
식인 출루그디
난드리와 털보

이쵸그디로
식인 청년과 결혼한 아가씨
샤먼, 들쥥 그리고 식인
구리불과 식인 형제
네멜론

유카기르인 이야기

외로운 청년
개의 수호신들
땅의 주인
북극여우와 곰
토끼의 꼬리가 없어진 이유
셈테네이 노인
토끼
여우 이야기
야생 북극암사슴
솥단지 비슷한 썰매를 타고 다니는 사람들
라마도
옛사람들의 소녀
도르부
아낙네
도부레
구슬 턱수염 노인
욕심 사나운 노인
스라소니가 토끼를 잡아먹는 이유
하바타
마체칸
욕심 사나운 아낙네
'늙은이'라는 별명의 할아버지 나무
미끼 사슴을 데리고 하는 사냥
키르체아나
토로하
숙부-아버지의 아이
방탕한 여자
불구자
테베게이
얼음 구멍 속의 아낙네
로시야, 로시야, 긴, 긴, 긴
부르는 주문

돌간인 이야기

들쥥과 농어의 전쟁
노인과 토끼들
청년 황제와 농부의 딸
여자와 곰
백조로 변한 샤먼들
대지의 주인 영혼
대머리 청년
외눈박이 아가씨
온통 털로 덮인 사람들
작은 천막의 불꽃
리이피르다안
고아 형제
세 형제
흰올빼미
꾀 많은 여우
새와 동물의 전쟁
리이비라
농부 노인과 노파
세 청년
라아이쿠
젤레즈나야 샵카와 코스탸노이 포야스
행복한 날, 불행한 날
노인과 노파
천상에서 온 약혼자
다른 세계의 사람
마마 귀신

셀쿠프인 이야기

이테
개와 털가죽
인간이 생기게 된 유래
이차와 귀신
이차
켄가의 용사
마녀와 두 딸
바보 이반과 곱사등이 말 코넥 고르부노크
두 자매
몸통 없는 머리
태양의 왕
일곱 아이 이야기
푸치카 추리카
불의 주인
티시야
켄게르셀랴
바다 곶 노인의 아들들
찬케르
세 자매
들쥥과 쥐
눈 소녀
이반 왕자
영리한 소년
개구리

시베리아 타타르인 이야기

황금 새
의붓딸
지주와 일꾼
세 마리 비둘기
돈보다 값진 지식
질랸
귀머거리, 장님, 앉은뱅이
아버지의 세 가지 충고
세 자매
요술 반지
재봉사, 곰, 장난꾸러기
처녀와 물의 요정
주흐라 별
영리한 청년
귀신과 그의 딸에 관한 이야기
이르티시와 술레이만
아흐메트와 칸
카미르 바티르
얄 마미시
카라밈 바티르

월귤나무 열매
모캐 남편과 부인 마리야 공주
러시아 노인의 세 아들
한 꼬마 이야기
힘센 독수리가 네네츠인들에게 해를 돌려준 이야기
야브 말의 모험
야브 말이 거인을 이긴 이야기

에스키모인 이야기

대구와 고래의 논쟁
명예를 갈망하는 까마귀
작은 주민들
까마귀와 늑대
멧새 세 마리
까마귀와 부엉이
까마귀와 청설모
까마귀와 갈매기
물고기, 여우, 까마귀
까마귀 코시클리
까마귀와 여우
새끼 황소와 새끼 여우
교활한 여우
거짓말쟁이 여우
새끼 황소와 늑대
가마우지
큰사슴 아카나
쥐
해를 얻다
작은 딱정벌레 나그네
까마귀와 처녀
사람, 게, 까마귀
두 형제와 까마귀
까마귀가 결혼한 이야기
에멤쿠트
꾀돌이 쿠킬린
사람과 독수리
사냥꾼과 독수리
독수리 집의 소년
사람들은 전에 어떻게 살았는가
카나크와 독수리들
사냥꾼과 백곰
사슴 사육자와 늑대 가족
새끼 늑대
늑대와 물새
노인과 야생 사슴
노파가 동물들을 속인 이야기
다섯 아들
암곰이 훔친 아이
현명한 사슴 두 마리
사슴으로 변한 여자
잔나비와 티나기르긴
키크미라시크
누나그미트의 고래
우카마난
신기한 소고
심술궂은 노인과 쥐
까마귀 은피나
물범 나라에 놀러 갔던 사람
오형제 중 막둥이
바다의 주인
아메크
아이마나나운
바다에서 길을 잃은 사람
날아다니는 샤먼들
막둥이
불의 주인과 소년
다섯 형제와 여자
카약식비크
버림받은 청년
이수클리크
아하하나브라크
고아
두 아내를 가진 사람
우키바크의 질투쟁이와 그 아내
두 번째 아내
사라진 형제들
투명 인간

아이누인 이야기

쥐
세 남자
가자미와 망둥이
눈 남자
치시포
처녀와 악마
산노이페 여자
세 자매
세 남자 1
두 남자
'예쁜 얼굴'이라는 이름의 처녀
곰 축제
다섯 명의 아이누인
부엉이의 결혼
바다사자
달 사람
젊은 까마귀
물범의 섬
흑담비 사냥에서
서로가 닮은 사람들
어느 마을에서
화가 나서 싸웠다
두 자루의 칼

닙흐인 이야기

돌집
은혜 갚은 호랑이
우뭄즈 닙흐
세 형제
식인에게 잡혀갔던 아가씨
저승에 갔다 온 남자
백조 소녀
바다신의 손녀와 결혼한 청년
일곱 자매
용감한 무사와 네 여인
대머리 소년
악마를 이긴 청년
남매
용감한 아즈문

얼룩무늬 다람쥐
풩 그리고 곰
바다표범과 넙치
갈매기는 어떻게 함께 살게 되었을까?
산신의 창
흰 바다표범
용감한 임히
산의 미녀
바다 신의 아내가 된 노부부의 딸
혼자 사는 남자
쿨긴
해표 약혼녀
못된 라도
니칸스크의 약혼녀
삼눈과 세 태양
무사 이야기
사냥꾼과 암곰
사람과 호랑이

축치인 이야기

아칸니카이
아내를 구하러 나선 수캐
흰 암곰
늑대 떼
카이마치캄
장난감으로 만들어진 사람들
요나브요치긴
공을 가지고 노는 여인
해협이 만들어지다
순록 사육인과 딸
큰어머니를 구한 아이
에이구스케이
온천에서 온 남자
목동 이이누비예
벌레를 기른 사람
바다 무지개
랍클랴볼과 고아 샤먼
샤먼
샤먼 킥바트
꿈속에서 샤먼이 되는 사람
할머니와 손자
곰 굴속에서 겨울잠을 잔 목동 티네시킨
이상한 노인
카차프
일곱 형제
쿤렐류
벨리비넬레비트
랍틸레발
반카치코르
키에긴과 아들들
오마야크
초마락티기르긴
무사 켈리에프와 청년
고집 센 엄마
곰을 모르는 청년
순록 사육인이 되고 싶었던 갈색 곰
사냥꾼과 악마
신출귀몰한 청년
인색한 큰아버지
석상
악밥라르키
천상에 잡혀갔다 되돌아 온 아이
쿠이키네쿠

코랴크인 이야기

쿠이킨냐쿠
약혼자를 잃은 레라
아버지 대신 켈레에게 잡혀간 남매
영리한 빅사
카이니빌류
다섯 자매
오요
임카
여자 샤먼 킷나
정착 생활자와 순록 사육자
린니날필리나의 복수
이인탈라트
사냥꾼
무사 소훌릴란
탐욕스러운 까마귀
부자와 가난한 자
까마귀와 늑대
바다표범과 개

케레크인 이야기

쇠갈고리를 가진 사람
바다표범을 이긴 토끼
여우와 까마귀
여우의 장난
개 아가씨에게 청혼한 여우
까마귀 쿡키
쿡키와 아내 미티
태양을 두려워하는 쿡키
여우와 쿡키
쿡키와 늑대
소년과 활
디오니시야 산
옴릿바알

우데게이인 이야기

불의 여인
에운쿠
에그디가 사 형제
셀레메게
볼롱고
바다뱀
벨레
메에히
팔람 파두
케드르 강의 용사
슌 샤가니니
쟝달라푸

나나이인 이야기

나이소
피치 못할 징조

예벤인 이야기

울치인 이야기

부랴트인 이야기

만시인 이야기

한티인 이야기

투바인 이야기

하카스인 이야기

뱁시인 이야기

칼미크인 이야기

알타이인 이야기

짐승 마아니의 아이들
오래된 옛날이야기

텔렌기트인 이야기

비야 강과 카툰 강
카투 야리크(무서운 장소)
알미스-암염소
알미스에게서 태어난 아기
아부움 포오옴(아버지 어머니)
낙타 이름으로 불리는 골짜기
푸른 황소
사냥꾼과 알미스
곰
소를 훔친 도둑과 호랑이

첼칸인 이야기

황금 도끼
고아
키셀레크와 파를라나크
탁 툭 지팡이
토끼와 담비
바보 청년
텔베엔이 하늘로 올라간 이야기
황금 등자
날다람쥐
콜로복
세 아들
황금 수탉
고아 청년과 다람쥐
고양이
할아버지와 부자
자작나무 그릇

쿠만딘인 이야기

사냥꾼의 전설 1
사냥꾼의 전설 2
사냥꾼의 전설 3
사냥꾼의 전설 4
오온 강과 쿠그 강
개와 고양이
킬리슈 칸
델베겐
툰구스
할아버지와 고양이
엄마와 딸
델베겐과 마시파라크
부자가 된 쿠지마
자신을 모르는 너구리
바보 이반
마시파라크
카라 몬기스
아이 코크 처녀
뱀과 노인
세 아들
세 형제

투발라르인 이야기

알틴 콜과 알틴 투우(황금 호수와 황금 산)
카라티 칸
노인과 노파
반카와 그리시카
세 형제
오스큐스 오올로크
아크 표스 쿠우르친
오스큐스 우울
꾀 많은 여우
농부 파시파라크

나가이바크인 이야기

고양이가 식사 후 몸을 닦게 된 사연
아즈라킬의 장난
어느 집시 여인의 예언

바시키르인 이야기

에렌세 세센 이야기
투라칸, 야네바칸 그리고 에렌세 세센
하탐타이

쇼르인 이야기

안치 아비시카와 카라 몰라트
지주와 사냥꾼
사랑이 깊은 쿠
마법 모자
탐욕스런 농부
학과 까마귀
젊은 사냥꾼과 표범
프카
철의 산 테미르 타우
차기스

코미인 이야기

야즈바 강 이야기
수지야 강 신화
이오마와 두 명의 아가씨
무사 페랴
다리가 여덟인 개
페라는 어디로 갔을까?
루피예 강에 사는 페라와 미자
페라와 자란
사냥꾼 예파를 가르친 여우

텔레우트인 이야기

알타이 쿠우추니 이야기
케르 사갈 가의 형제